Curso de Español Lengua Ext

A1 en 30 hora

Curso de Español Lengua Extranjera

META ELE A1

Libro del alumno
+
Cuaderno de ejercicios

Miguel Ángel García Guerra
José Ramón Rodríguez Martín

edelsa
GRUPO DIDASCALIA, S.A.

Miguel Ángel García Guerra
José Ramón Rodríguez Martín

edelsa
GRUPO DIDASCALIA, S.A.
Plaza Ciudad de Salta, 3 - 28043 MADRID - (ESPAÑA)
TEL.: (34) 914.165.511 - (34) 915.106.710
FAX: (34) 914.165.411
e-mail: edelsa@edelsa.es - www.edelsa.es

Primera edición: 2012
Impreso en España/*Printed in Spain*

© **Edelsa Grupo Didascalia S. A.**, Madrid 2012
Autores: Miguel Ángel García Guerra y José Ramón Rodríguez Martín

Dirección y coordinación editorial: Departamento de Edición de Edelsa
Diseño de cubierta: Departamento de Imagen de Edelsa
Diseño de interior y maquetación: Departamento de Imagen de Edelsa
Ilustraciones: Nacho Fernández Castro
Fotografías: Photos.com
Audio: Locuciones y montaje sonoro: ALTA FRECUENCIA MADRID. Tel. 91 5195277, www.altafrecuencia.com
       Voces de la locución: Arantxa Franco de Sarabia Rosado, Guillem Caballé Vicente, José Antonio Páramo
                Brasa y Juana Femenía García.

Imprenta: Egedsa
ISBN: 978-84-7711-975-3
Depósito legal: B-2560-2012

Prólogo

Este libro que tienes entre las manos se ha escrito y diseñado para ti, que quieres aprender español en poco tiempo y que necesitas tener los recursos lingüísticos y culturales básicos para manejarte en situaciones de comunicación en español, para ti que estás en un curso rápido y vas a desenvolverte en un país hispanohablante. Por tanto, siguiendo un enfoque orientado a la acción, te proponemos un aprendizaje significativo y así, por medio de la resolución de tareas, capacitarte para sobrevivir en las situaciones cotidianas que te puedes encontrar cuando estás en un contexto de inmersión.

Con cada libro, conseguirás alcanzar la competencia comunicativa descrita para cada nivel por el *Marco común europeo de referencia para las lenguas* (A1, A2, B1.1...) y adquirirás los componentes léxicos y gramaticales correspondientes listados por los *Niveles de referencia para el español*.

Cada nivel consta de 6 módulos que tienen coherencia temática y que, en todos los casos, apuntan desde el principio a una acción final. Cada módulo se concibe como un camino, como un proceso, en cuatro pasos, que culmina, cada uno de ellos, con una actividad significativa. En los tres primeros pasos, esa actividad significativa puede ser bien de simulación, bien de transmisión de información o bien de resolución de problemas. El paso 4 es un repaso y una invitación a la acción final.

A primera vista, con esta estructura, notarás claramente la progresión en el aprendizaje y, desde el principio de cada módulo, conocerás la propuesta de acción final que es, en todo caso, el eje del trabajo y la meta a la que debes llegar.

Al final del libro, encontrarás un kit de supervivencia, unas fichas que puedes recortar y que te serán útiles en las situaciones reales de uso de la lengua, y el cuaderno de ejercicios, para que practiques la lengua todo lo que puedas y así estés bien preparado para tu futuro en español.

Los autores

Competencia pragmático-funcional
- Saludar y despedirse.
- Preguntar e informar del nombre.
- Manejar el lenguaje del aula: pedir que se hable más despacio, se deletree, se repita una palabra, dar instrucciones, pedir aclaraciones.

Competencia sociolingüística
- Los saludos según el momento del día.
- El contraste *tú* y *usted*.

- Saludar y despedirse.
- Presentarse en el ámbito personal, público y profesional.
- Preguntar por la identidad de otras personas: el nombre y los apellidos, el origen o la nacionalidad.
- Indicar los conocimientos que se tienen en las lenguas.
- Preguntar e informar sobre la profesión, el lugar de trabajo y el puesto laboral.
- Decir una fecha y situar temporalmente una fiesta.
- Preguntar e informar del día del cumpleaños.
- Informarse sobre un número de teléfono.
- Preguntar y dar la dirección de correo electrónico.

- Saludar según el momento del día y el grado de formalidad de la situación.
- Dirigirse a alguien y utilizar las fórmulas de tratamiento corrientes dependiendo de la situación.
- Presentarse adecuadamente en las situaciones de comunicación (con amigos, en un hotel, en el trabajo).
- Los usos del pronombre *vos* según la zona geográfica.

- Indicar las ventajas y los inconvenientes de los distintos tipos de alojamientos según las circunstancias.
- Redactar un anuncio.
- Valorar y comparar alojamientos.
- Describir una vivienda.
- Escribir e interpretar una dirección postal en cartas y tarjetas de visita.
- Indicar y recomendar lugares.
- Describir los lugares de interés de una ciudad. Expresar la preferencia y justificarla.
- Preguntar e informar sobre una dirección.
- Llamar la atención de un interlocutor.

- Los tipos de las vías públicas.
- Las características de un piso tradicional.
- Ciudades hispanas como Madrid, Barcelona, Córdoba, Santiago, Málaga, Salamanca, Buenos Aires, Cuzco, ciudad de Panamá…
- Tipos de vivienda.

- Preguntar y decir la hora.
- Ubicar temporalmente una acción o acontecimiento.
- Hablar de los horarios cotidianos.
- Preguntar e informar de la frecuencia con la que se realizan distintas actividades cotidianas y de tiempo libre.
- Proponer actividades y aceptarlas o rechazarlas.
- Quedar en el ámbito personal, público o profesional.
- Poner condiciones a la realización de una actividad.
- Poner excusas y proponer soluciones.

- La distribución temporal de un día.
- Los horarios comerciales en España.
- Quedar adecuadamente dependiendo de la situación (en el tiempo de ocio con amigos y conocidos, para pedir cita en un servicio o establecimiento públicos, ante una reunión laboral).
- La excusa como fórmula de cortesía ante una negativa.

- Expresar gustos y preferencias.
- Reaccionar ante los gustos de otra persona.
- Manejarse en un restaurante para pedir la comida, informarse de los ingredientes de un plato, pedir recomendaciones y pagar.
- Expresar los motivos (alérgicos, religiosos, ideológicos…) para rechazar un plato.
- Pagar después de un servicio en distintas situaciones.
- Comprar alimentos en un supermercado.

- Los alimentos básicos en la dieta mediterránea.
- La costumbre de los pinchos y las tapas.
- Las características de un menú tradicional. Formas de pedir en un restaurante de forma cortés y natural.
- Usos cotidianos de los distintos establecimientos.
- Platos tradicionales y sus ingredientes.
- Formas de pedir la cuenta y pagar.
- La costumbre de la propina.

- Describir físicamente a personas.
- Identificar personas por su aspecto físico o por su ubicación.
- Describir una foto y valorarla.
- Establecer los parentescos con alguien.
- Hablar del estado civil de una persona.
- Presentar a los miembros de la familia.
- Describir el carácter de una persona y hablar de su estado de ánimo.
- Expresar la opinión e indicar las relaciones con una persona.
- Valorar positiva o negativamente a alguien.
- Hablar de una persona a la que se admira y describir sus cualidades.

- Expresar elogios.
- El uso de los dos apellidos.
- Expresar disculpas, agradecimiento, etc.
- El concepto de la gran familia en el mundo hispano.
- Los tres grados de proxemia.

- Hablar del clima y del tiempo atmosférico.
- Expresar la intensidad.
- Informarse del tiempo que hace en un lugar.
- Manejarse en una *boutique* o en una tienda de ropa.
- Describir una prenda de vestir.
- Comprar un regalo y determinar el destinatario.
- Debatir la etiqueta adecuada en cada momento.
- Discutir y organizar las maletas según el lugar de destino.
- Expresar la opinión y justificarla.
- Definir la forma de pagar en un establecimiento público.

- Los climas en el mundo hispano.
- Las estaciones del año en los dos hemisferios.
- Actuar cortésmente en tiendas y establecimientos públicos.
- La fiesta de los Reyes Magos.
- El concepto de la etiqueta y la adecuación en el vestir.
- Tres destinos turísticos: los glaciares chilenos, el Camino de Santiago y Punta Cana.

Bienvenido al español

¡Hola! ¿Qué tal?
Me llamo María, soy guía turística.
¡Bienvenido al español!

SALUDOS Y DESPEDIDAS

¡Hola!
¿Qué tal?
¿Cómo estás? ¿Cómo está usted?

¡Hasta luego!
¡Hasta mañana!
¡Adiós!

¡Buenas tardes!

¡Buenos días!

¡Buenas noches!

Y tú, ¿cómo te llamas?

Intrusos en la clase de español

Sonidos y letras

a. ▶ Observa las palabras y localízalas en la imagen.

A, a alumno **1**	**B, be** borrador **2**
C, ce carpeta, diccionario **3 4**	**CH, ce y hache** mochila **5**
D, de diccionario **4**	**E, e** estuche **6**
F, efe florero **7**	**G, ge** gafas, guitarra, pingüino **8 9 10**

H, hache hamaca **11**	**I, i** interruptor **12**	**J, jota** tijeras **13**	**K, ka** kiwi **14**	**L, ele** lápiz **15**	**LL, doble ele** silla **16**	**M, eme** mesa **17**	**N, ene** pegamento **18**	**Ñ, eñe** mapa de España **19**

O, o ordenador **20**	**P, pe** profesor **21**	**Q, cu** queso **22**	**R, erre** rotulador, papelera, pizarra **23 24 25**	**S, ese** sacapuntas **26**	**T, te** televisor **27**	**U, u** cuaderno **28**
						V, uve ventana **29**

w, uve doble kiwi **14**	**X, equis** examen **30**	**Y, ye** yogur **31**	**Z, zeta** pizarra **25**

AULA VIRTUAL

b. ▶ Escucha las palabras y repite.

Pista 1

c. ▶ Marca 7 intrusos en la imagen.

d. ▶ Observa.
- ¿Cómo te llamas?
- Anna Schytzer.
- ¿Cómo se escribe?
- A, ene, ene, a. Ese, ce, hache, ye, te, zeta, e, erre.

e. ▶ ¿Tus compañeros tienen Facebook? Escribe el nombre y apellido de tus compañeros de clase y comprueba la dirección.

La música y la letra del español

1. Las reglas del acento

a. ▶ **Lee y escucha las palabras.**

Pista 2

1. Las palabras terminadas en vocal, en -n o -s se pronuncian con el acento en la penúltima sílaba.

Alumno – carpeta – diccionario – estuche – llaman – tardes

2. Las palabras terminadas en consonante menos -n o -s se pronuncian con el acento en la última sílaba.

Interruptor – favor – español

3. De no ser así, llevan un acento escrito ´ (tilde) en la sílaba acentuada.

Café – adiós – Ramón – lápiz – estás – dirección

b. ▶ **Aplica las reglas.**

Pista 3

Marca la sílaba fuerte según la terminación, luego escucha y, si no siguen la regla, escribe la tilde en el lugar adecuado.

Hola – esta – usted – boligrafo – luego – mañana – adios – noches – turistica – español – bienvenido – lapiz – rotulador

2. Las instrucciones de la clase

Pista 4

▶ Escucha estas palabras y levanta el brazo cuando oigas la sílaba fuerte. Luego, repite y levanta el brazo cuando digas la sílaba fuerte.

Cierra – abre – lee – escribe – escucha – relaciona – pregunta – habla – subraya

3. Los signos

▶ **Lee las reglas, después completa las frases con los signos adecuados.**

> - Se escribe ¿ antes y ? después de una pregunta: ¿Cómo te llamas?
>
> - Se escribe ¡ antes y ! después de una exclamación: ¡Buenos días!
>
> - Se escribe . después de una afirmación o negación: Me llamo Ramón.

¿..... Puedes repetir, por favor ..?...   *Can you repeat please?*
.... Bienvenidos al español ....!...   *Welcome to Spanish*
.¿.... Cómo se dice en español ......?   *How do you say in Spanish?*
.... Me llamo María ....
.¿.... Cómo se escribe *bolígrafo* ....?   *How do you spell?*
.... Hola ......
.... No entiendo ....
...¡.. Más despacio, por favor ..!..   *more slowly please*
.... Adiós ....

Módulo
1
Primeros contactos con el mundo hispano

En este módulo vamos a...
hacer la libreta de contactos de la clase.

Pasos

Paso 1: Simula y preséntate de forma correcta en distintas situaciones.
Paso 2: Prepárate e informa de tu profesión u ocupación.
Paso 3: Soluciona tus problemas y manéjate con teléfonos de urgencias.
Paso 4: Repasa y actúa, haz la agenda de datos de tus contactos y conocidos.

¿Reconoces los países y las comunidades autónomas? Di los nombres.

1 Aprende a presentarte

a. ▶ Escucha estos diálogos e identifica las imágenes.

Pista 5

En la clase `2`

En la empresa `1`

En el hotel `3`

b. ▶ Escucha otra vez e identifica en qué diálogo oyes estas expresiones.

Pista 5

`3` Apellido `1` ¡Buenos días! `2` ¿De dónde eres? `1` Encantado `3` Habitación reservada

`2` ¡Hola! `3` Nombre `3` Pasaporte `2` Profesora `2` ¿Qué tal? `1` Tarjeta

c. ▶ Lee y completa los diálogos con las expresiones anteriores.

> • _Buenos Días_, soy José López Gil, de Edelsa. Aquí tiene mi _Tarjeta_.
> • Mucho gusto, señor López.
> • _Encantado_.
>
> **1**

> • Me llamo Mónica y soy la _profesora_ de este curso.
> • _Hola_, yo me llamo Haruki.
> • Hola, Haruki, ¿_Qué tal_? ¿Eres japonesa?
> • Sí, sí.
> • ¿Y _de dónde eres_, de Tokio?
> • No, soy de Osaka, pero vivo en Tokio.
>
> **2**

> • ¡Buenas tardes!, tengo una _habitación reservada_.
> • ¿Su _nombre_, por favor?
> • Ana García.
> • ¿Y su segundo _apellido_?
> • Vargas, García Vargas.
> • Ah, sí. ¿Su _pasaporte_, por favor?
>
> **3**

d. ▶ Busca las formas de los verbos en los diálogos y completa.

	SER	TENER	LLAMARSE
(yo)			
(tú)		tienes	te llamas
(*vos)	sos	tenés	te llamás
(usted)	es		se llama

> * Vos: En Argentina, Paraguay, Uruguay y otros países hispanoamericanos, se utiliza vos en lugar de tú en contextos familiares o muy informales. ¿Cómo te llamás vos?

e. ▶ Responde a las preguntas sobre los diálogos.
1. ¿Cómo se llama la señora García Vargas? _Ana García_
2. ¿De dónde es Haruki? _Osaka, Japonesa._
3. ¿Dónde vive, en la ciudad de Osaka? _Tokio_
4. ¿En qué empresa trabaja don José? _Edelsa_

f. ▶ Pregunta a tu compañero y conócelo.

FORMAS DE TRATAMIENTO		
Informal	nombre	Ana
Formal	**Don** + nombre	Don José
	Doña + nombre	Doña Ana
	Señor + apellido	Señor López
	Señora + apellido	Señora García

② Descubre las nacionalidades

a. ▸ **¿Tú qué crees? Relaciona los nombres típicos con su nacionalidad.**

Lars - Lin - Haruki - François - Vladimir - João - Günther - John - Gian Lucca

> Yo creo que Laslov es un nombre húngaro.

> Yo creo que es polaco.

alemán	inglés	ruso	japonés	italiano	sueco	francés	chino	portugués
Gü	*John*	*Vlad*	*Haruki*	*Gian Lucca*	*Lars*	*François*	*Lin*	*João*

swedish

b. ▸ **Observa el siguiente cuadro y complétalo.**

→ Doesn't end in vowel add es.

	Singular		Plural	
	Masculino	**Femenino**	**Masculino**	**Femenino**
🇫🇷	*francés*	francesa	*franceses*	*francesas*
🇨🇳	chino	*china*	*chinos*	*chinas*
🇯🇵	*japonés*	*japonesa*	*japoneses*	japonesas
🇬🇧	inglés	*inglesa*	*ingleses*	*inglesas*
🇷🇺	*ruso*	*rusa*	*rusos*	rusas
🇩🇪	*alemano*	*alemana*	alemanes	*alemanas*
🇸🇪	*sueco*	*sueco*	*suecos*	suecas
🇮🇹	*italiano*	italiana	*italianos*	*italianas*

c. ▸ **Completa la regla de masculino y femenino en español.**

finishing with vowel ∴ adds s

El masculino **-o** (por ejemplo, *ruso*) y el femenino ..*a*....;
el plural ..*s*.... (por ejemplo, *rusas*).
El masculino en consonante (por ejemplo, *francés*) y el femenino..*a* y el plural..*es*.. (por ejemplo, *franceses*

> **Atención**
>
> Masculino y femenino **-e** (por ejemplo, *canadiense*), el plural **-es**.

③ Habla de los idiomas

🔊 Pista 6

▸ **Escucha y marca su nivel de idiomas. Después, indica tus idiomas.**

	JOSÉ LÓPEZ GIL			HARUKI MOTO			ANA GARCÍA VARGAS		
	Inglés	Francés	Chino	Inglés	Francés	Chino	Inglés	Francés	Chino
Understand Comprende		✓			✓				✓
Speaks Habla	✓						✓	✓	
Read Lee		✓				✓			
Writes Escribe	✓					✓		✓	

④ Simula: Preséntate

a. ▸ **Identifica las expresiones con la situación.**

1
¡Hola!
¿Qué tal?
Me llamo…
¿Y tú?
Soy de…

2
Soy + *apellido*.
Work Trabajo en + *empresa*.
Encantado/a.
Mucho gusto.
Aquí tiene mi tarjeta. *– Here u my card*

3
¡Buenos días!
Tengo una reserva.
¿Su nombre, por favor?
¿Su pasaporte, por favor?

[1] Con nuevos amigos y compañeros de clase.   [3] En un hotel.   [2] En el trabajo, en una empresa.

b. ▸ **Elige una de las situaciones y simula una presentación con tu compañero.**
• En clase • En la recepción de un hotel • En una empresa, con el director

Paso 2

1 Conoce las profesiones y los lugares de trabajo

a. ▸ Relaciona y completa las frases.

> 1. Cocinero 2. Enfermera 3. Peluquería 4. Médico 5. Camareros
> 6. Escuela 7. Oficina 8. Escritora y periodista 9. Casa 10. Panadería

Soy ama de casa, trabajo en...

Casa

a

Trabajamos en un bar, somos...

Camareros

b

Trabajo en un restaurante, soy...

Cocinero

c

Es peluquera, trabaja en una...

Peluquería

d

Soy profesora, trabajo en una...

Escuela

e

Trabajo en una redacción, soy...

f

8

Yo hago y vendo pan, trabajo en una...

g

10

Trabajamos en un hospital, ella es... y yo soy...

h

2/4

Soy secretaria, trabajo en una...

Oficina

i

b. ▸ Completa el cuadro con las profesiones anteriores.

	Masculino	Femenino
-o/-a	cocinero	cocinera
(consonante)/-a	escritor	escritora
-e/-e	estudiante	estudiante
-ista/-ista	periodista	periodista
	Singular	**Plural**
(vocal)/-s	camarero	camareros
	peluquera	peluqueras
(consonante)/-es	escritor	escritores

LOS ARTÍCULOS			
Determinado		**Indeterminado**	
Singular	Plural	Singular	Plural
m · el	los	un · unos
f · la	las	una · unas
Específico o conocido.		No específico.	
Trabajo en el Hospital Central.		*Trabajo en un hospital.*	

c. ▸ Lee y completa los diálogos con los artículos anteriores.

> **Enrique:** ¿Dónde trabajas?
> **Pilar:** Trabajo en ......un..... hospital.
> **1** **Enrique:** ¿ .....el..... hospital es grande?
> **Pilar:** Sí, ...el..... Hospital Central es muy grande. ¿Y tú?
> **Enrique:** Yo soy profesor de español en ....una.... escuela.

José: Y tú, ¿qué haces?
Daniel: Estudio y trabajo en ...una... tienda.
José: ¿En qué tienda?
Daniel: Es ...una... tienda de ropa. En ...la... tienda solo trabajo por la tarde. Por la mañana estudio.
José: ¿Y qué estudias?
Daniel: Estudio Derecho en ...la... Universidad Complutense.

d. ▸ Lee y adivina quién es.

Yo creo que es un...

1. Trabajo en una oficina. La oficina es turística. Hablo varios idiomas en la oficina.
2. Trabajo en una tienda. Trabajo por la noche. En la tienda hago y vendo pan.
3. Trabajo en una clínica. La clínica es privada. No soy médico.

2 Aprende los verbos y las actividades

a. ▸ Completa.

	SER	TRABAJAR	VENDER	ESCRIBIR
(yo)	soy	trabajo	vendo	escribo
(tú)	eres	trabajas	vendes	escribes
(vos)	sos	trabajás	vendés	escribís
(usted, él, ella)	es	trabaja	vende	escribe
(nosotros, nosotras)	somos	trabajamos	vendemos	escribimos
(vosotros, vosotras)	sois	trabajáis	vendéis	escribís
(ustedes, ellos, ellas)	son	trabajan	venden	escriben
	ser + nombre + nacionalidad + profesión	trabajar en + lugar/nombre de la compañía con + instrumento		

b. ▸ Escucha e identifica las profesiones. Luego, lee los anuncios y relaciónalos con las personas del audio.

Pista 7

1
Soy estudiante y busco trabajo. Cuido niños por las noches o ancianos los fines de semana.

2
Necesitamos camareros bilingües para trabajar en un club internacional. Imprescindible inglés.

3
OFERTAS DE TRABAJO

Empresa multinacional de automóviles busca vendedores y comerciales para su nueva sucursal.

c. ▸ Asocia estas actividades profesionales con los puestos de trabajo.

Cobrar - Comprar - Conducir - Cuidar enfermos - Dedicarse a la información - Enseñar a niños - Escribir - Hablar - Hacer pan - Lavar y cortar el pelo - Leer - Limpiar - Preparar la comida - Trabajar con el ordenador - Vender

Las amas de casa, los médicos y los enfermeros cuidan a los enfermos.

3 Informa: Tu ocupación

a. ▸ Elige una de estas situaciones.

1 Hablas con un compañero de clase

2 Escribes un anuncio

3 Hablas con un cliente

b. ▸ Elige la expresión más adecuada para tu situación.
- Soy director de…/jefe de…/empleado de… Me dedico a…
- Estudio en un/una… . Estudio…
- Trabajo en un/una… . El/La… es…
- No trabajo, estoy en paro.

c. ▸ Ahora di tu profesión (si tienes una o qué quieres ser).

1 Aprende los números

a. ▸ Relaciona los números con las cifras.

ocho   dieciséis   cuatro   doce
veintiséis   nueve   cinco   treinta
veinte   quince   seis   diez   dieciocho   dos

Pista 8

b. ▸ Escucha y marca las fechas en el calendario. Son las fiestas importantes de España.

Pista 8

c. ▸ Escucha otra vez las fechas y escríbelas junto a cada fiesta.

MESES DEL AÑO
Enero
Febrero
Marzo
Abril
Mayo
Junio
Julio
Agosto
Septiembre
Octubre
Noviembre
Diciembre

1. La Constitución
...... la Diciembre ......

2. Día de la Hispanidad
...... 12 Oct ......

3. San Fermín
...... 7 Julio ......

4. Los Reyes Magos
...... 6 Jan ......

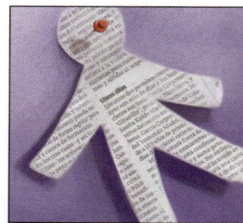

5. Los Santos Inocentes
...... 28 Di ......

6. Nochebuena
...... 24 Diciembre ......

d. ▸ ¿Cuáles son las fechas importantes de tu país?

> **LA FECHA**
> El + número de día + de + mes (+ de + año): *El 4 de septiembre.*

2 Aprende a hablar de la edad y el cumpleaños

Pista 9

a. ▸ Escucha y contesta a las preguntas.
  1. ¿Son amigos?
  2. ¿Quién tiene 32 años? ¿Y él, cuántos años tiene?
  3. ¿Cuándo es el cumpleaños de él? ¿Y el de ella?

TENER	
(yo)	tengo
(tú)	tienes
(vos)	tenés
(usted, él, ella)	tiene
(nosotros, nosotras)	tenemos
(vosotros, vosotras)	tenéis
(ustedes, ellos, ellas)	tienen

El verbo *tener* se usa para preguntar y decir la edad.

b. ▸ ¿Cuándo es tu cumpleaños? Pregunta a tus compañeros, toma nota y pon en orden los cumpleaños de toda la clase.

> Mi cumpleaños es el doce de enero.

> Mi cumpleaños, el siete.

1. El cumpleaños de... es el 7 de enero.
2. El cumpleaños de... es el 12 de enero.
3. El cumpleaños de...

3 Soluciona: Teléfonos de urgencia

a. ▸ Observa la imagen e indica dónde crees que llama.

✚	Urgencias
	Policía
	Bomberos
	Pérdida de tarjetas
🚕	Taxi
✈	Aeropuerto
ⓘ	Oficina de turismo

b. ▸ Estos son los teléfonos de urgencias de Málaga. Escucha e identifica dónde llama.

Pista 10

TELÉFONOS DE URGENCIA

AYUNTAMIENTO DE MÁLAGA

1. Hospital Civil 951 290 000
2. Urgencias Seguridad Social 902 505 061
3. Policía Nacional (urgencias) 091
4. Guardia Civil 062
5. Pérdidas tarjetas (Visa) 913 626 200
6. Teléfono de playas 902 323 330
7. Estación de autobuses 952 35 00 61
8. Aeropuerto 952 04 88 04
9. Clínica Materno Infantil 951 290 000
10. Hospital Clínico Universitario 951 032 000
11. Bomberos Málaga 080
12. Ayuda en carretera 917 421 213
13. Oficina de objetos perdidos 952 327 200
14. Estado de las carreteras 900 123 505
15. Taxi 952 33 33 33
16. Renfe 902 24 02 02

c. ▸ Simula con tu compañero: llama para pedir unos números de teléfono.
- Por favor, el teléfono de Renfe.
- El nueve...

Paso 4 Repasa y actúa: Haz tu agenda

1 Aprende y practica los verbos

a. ▶ Completa con la forma correcta del verbo.

Hola, (llamarse) *me llama* Javier y (tener) *tengo* treinta y ocho años. (Vivir) *vivo* en Madrid y (trabajar) *trabajo* en una oficina. (Ser) *soy* abogado. Ella (ser) *es* Rocío, la directora. (Tener) *tiene* treinta años y (ser) *es* argentina.

b. ▶ Escribe la pregunta.

1. *¿Cómo te llamas?* Me llamo Julia.
2. *¿De dónde eres?* Soy de Sevilla.
3. *¿Cuántos años tienes?* Tengo cuarenta años.
4. *¿Qué haces?* Trabajo en una escuela.
   ¿Dónde trabajas?

2 Recuerda y practica la información personal

Pista 11

▶ Escucha y completa los datos que faltan.

Nombre: Roberto
Apellido: Pinto
Edad: ....
Nacionalidad: Brasileño
Tipo de curso: Estándar
Fecha de inicio: ....
Fecha final: 24 octubre
Duración: ....

Nombre: Giulia
Apellido: ....
Edad: 22
Nacionalidad: Italiana
Tipo de curso: ....
Fecha de inicio: ....
Fecha final: ....
Duración: 4 semanas

3 Recuerda y practica el género de las palabras

a. ▶ Mira estas palabras relacionadas con la clase del módulo 0. Clasifícalas y escribe el artículo.

M Alumno F Carpeta M Diccionario F Papelera F Mochila M Pegamento F Calculadora
M Cuaderno F Ventana F Goma F Agenda F Pizarra M Bolígrafo F Silla

Masculino terminado en *-o*	Femenino terminado en *-a*

b. ▶ Observa los ejemplos y relaciona las terminaciones con el género.

La escuela, el libro, el profesor, la profesión, el verbo, la doctora, la terminación…

1. -o
2. -a
3. -or M
4. -ora F
5. -ón

a. masculino

b. femenino

c. ▶ Completa con el/la/los/las.

1. *el* profesor
2. *el* camarero
3. *los* libros
4. *el* teléfono
5. *las* casas
6. *los* apellidos
7. *las* tiendas
8. *las* pizarras
9. *la* mesa
10. *el* nombre

d. ▶ Completa con el artículo adecuado.

José: ¡Qué bonito! Es *un* cuadro muy curioso.
Daniel: Sí, es *una* pintura de Picasso.
José: ¿Picasso? ¿Es *el* autor del *Guernica*?
Daniel: Exacto. *Guernica* es *la* pintura más famosa de Picasso.

e. ▸ Observa estas fotos y escribe la información sobre los personajes.

actor/actriz – Allende – Antonio – argentino/a – Banderas – cantante – chileno/a – Cruz – escritor/-a – español/-a – futbolista – Isabel – Leo – Martin – Messi – Penélope – puertorriqueño/a – Ricky

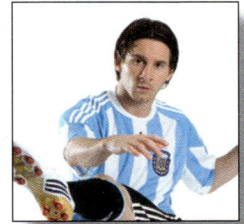

1. Actor
   Antonio Banderas
2. ....
3. Actriz
   Penélope Cruz
4. Ricky Martin
5. futbolista
   Leo Messi

---

4 Recuerda y practica el léxico del trabajo

a. ▸ Escribe frases para explicar dónde trabaja cada una de estas personas.

un / una — profesora ①
cajera cashier ②
enfermera nurse ③
peluquero hairdresser ④
abogado lawyer ⑤
camarero waiter ⑥
— trabaja en — un / una

bufete - office ⑤
hospital ③
peluquería - hairdresser ④
bar ⑥
supermercado ②
escuela ①

> Una profesora trabaja en una escuela.

b. ▸ Escribe el término.

MASCULINO	FEMENINO
Camarero	Camarera
Cantante	Cantante
Tenista	Tenista
Traductor	Traductora

c. ▸ Completa con el plural.

1. Somos ocho alumnos de nivel básico.
2. Los profesores dan buenas lecciones.
3. Los artistas son interesantes.
4. Los doctores trabajan en un hospital.
5. El mecánico arregla coches.
6. En las clases tenemos pizarras digitales.

---

5 Conoce los nombres familiares

▸ Observa y relaciona.

> Buenos días, yo soy don José. Bueno, para los amigos, Pepe.

> Hola, Pepe.

b a. José
   b. Francisco
   c. María
   d. Consuelo
   e. Rosario
   f. Manuel

1. Charo
2. Chelo
3. Mari
4. Manolo
5. Paco
6. Pepe

---

6 Recuerda y practica los números

a. ▸ Escucha y escribe la cantidad que tiene que pagar.
Pista 12

1. .... 2. .... 3. .... 4. .... 5. .... 6. ....

b. ▸ ¿Qué oyes?
Pista 13

1. ☐ 7   ☐ 8   ☑ 9
2. ☐ B25   ☑ B27   ☐ B29
3. ☑ 914165511   ☐ 914175512   ☐ 913175511
4. ☐ IB3369   ☐ IB3386   ☐ IB3286
      ☑ IB3268

Acción

Para el curso, puedes necesitar los contactos. Pregunta y confirma con tus compañeros y tu profesor todos los datos y escríbelos.

¿Cuál es tu teléfono?

¿Tienes móvil?

Mi teléfono es 0034 952 086123.

¿Cuál es tu e-mail?

Sí, el 605808587.

Jose-ramon@edelsa.es.

¿Tienes correo electrónico?

Sí, es el...

¿Cómo se escribe?

josé, guion, ramón, arroba, edelsa, punto, es.

Tu apellido es Mühler, ¿no? ¿Cómo se escribe?

Eme...

¿Cuándo es tu cumpleaños?

Mi cumpleaños es el 10 de agosto.

Contactos

Nombre	Jess
Apellidos	Haslam
Teléfono	0034 952008 6123
Correo electrónico	agyjh@notingham.ac.uk
Cumpleaños es el...	30th Dec

Nombre	Jess
Apellidos	Knapp
Teléfono	07505 365 157
Correo electrónico	JessOK@hotmail.com
Cumpleaños	15 Mar

Nombre	
Apellidos	
Teléfono	
Correo electrónico	
Cumpleaños	

Nombre	
Apellidos	
Teléfono	
Correo electrónico	
Cumpleaños	

SÍMBOLOS

0	cero
-	guion
—	guion bajo
@	arroba
.	punto

Módulo

2

Conoce un nuevo entorno

En este módulo vamos a...
escribir un anuncio para encontrar alojamiento.

Pasos

Paso 1: Simula y recomienda tus lugares favoritos a un turista y anota recomendaciones sobre ciudades que no conoces.

Paso 2: Prepárate e informa de tu ciudad favorita y descubre las ciudades de tus compañeros.

Paso 3: Soluciona tus problemas y oriéntate en una ciudad desconocida.

Paso 4: Repasa y actúa, escribe el anuncio para encontrar la vivienda que necesitas.

Ayuntamiento

Madrid

Estatua de Velázquez.
Museo del Prado

Plaza Mayor

Plaza de La Cibeles

Palacio Real

① Conoce tipos de alojamientos y valóralos

a. ▸ Lee estos anuncios y relaciónalos con las imágenes.

1

2

3

ANUNCIOS

(3) Se busca compañero de piso de 60 m². 7.ª planta sin ascensor. Céntrico. Dos dormitorios, un baño y cocina completa. Internet.
120 euros/semana.

(2) Se alquila chalé. Jardín y piscina. Cuatro habitaciones, amplio salón, cocina y dos baños. Zona tranquila, ideal familias.
1000 euros al mes.

(1) Hotel Sol y playa de 3 estrellas con piscina y spa. Habitación individual con baño. Desayuno incluido. Bien comunicado, a 100 metros de la playa.
75 euros/noche.

b. ▸ Responde a las preguntas.
1. ¿Cuál es más caro? expensive - piso (flat)
2. ¿Cuál está más cerca del centro? - el piso
3. ¿Cuál es más cómodo? ¿Por qué?

c. ▸ Con tu compañero, elige un motivo para viajar a un país hispano y prepara una lista de ventajas e inconvenientes de cada tipo de alojamiento según la situación. Puedes utilizar las expresiones que te damos.

Personal:
Vas de vacaciones un mes con tu familia.

Educación:
Haces un curso de español intensivo, 2 semanas.

Trabajo:
Es un viaje de negocios de cuatro días.

Barato – caro – cómodo – grande – incómodo – independiente – pequeño – práctico para… – social – solitario – tener independencia – tener posibilidad de… – útil para…

Advantages   disadvantages

	Ventajas	Inconvenientes
Chalé		
Piso compartido		
Hotel		

Valorar		
superlativo	muy	El hotel es *muy* caro.
comparativo	más	El estudio es *más* barato.

② Aprende a describir tu casa

a. ▸ Relaciona los nombres de las habitaciones con el plano.

la cocina	5
el cuarto de baño	4
el dormitorio	2
la entrada	3
el salón	1

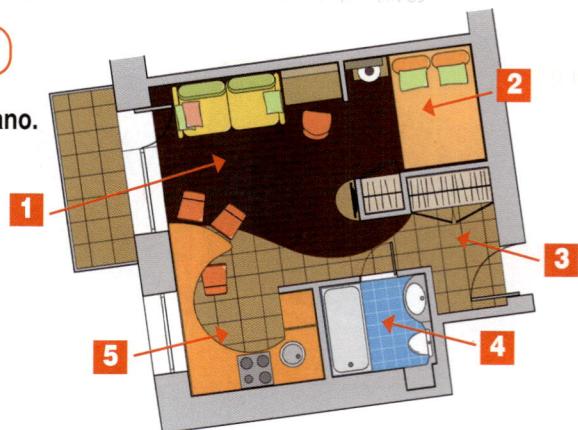

1

2

3

4

5

b. ▸ Lee esta descripción y marca en el texto los verbos *ser*, *estar* y *tener*.

Ser - describing   Nottingham

Yo vivo en un apartamento. Es muy luminoso y está en el centro. Tiene dos dormitorios, una cocina y un salón grande.

to have

c. ▸ Completa ahora el cuadro con estas palabras.

Regular verb except 1st person

	ESTAR
(yo)	estoy
(tú, vos)	estás
(usted, él, ella)	está
(nosotros, nosotras)	estamos
(vosotros, vosotras)	estáis
(ustedes, ellos, ellas)	están

to be - for location

partes – características – localización

Usamos *ser* para informar de las *características* de la casa. Usamos *estar* para informar de la *localización* de la casa. Usamos *tener* para informar de las *partes* de la casa.

d. ▸ Observa esta lista, marca las características de tu casa y descríbela.

PARTES		CARACTERÍSTICAS		TIPOS
Cocina	Garaje	Céntrico	Bien comunicado	Piso (compartido)
Cuarto de baño	Jardín	Tranquilo	Grande	Chalé
Salón	Piscina	Seguro		Habitación
Dormitorio		Luminoso		Apartamento

3 Fíjate en la forma de dar y escribir una dirección

a. ▸ Lee, con la ayuda de las claves de las abreviaturas, estas direcciones.

Jorge Cazorla Rubio

Avda. César Augusto, n.º 3-1.º dcha.
28013 Madrid - ESPAÑA

Paco Martínez
Pza. Rey Alfonso, 14

46019 Valencia

Isabel Alarcón
Directora

C/ Ramón y Cajal, s/n - 29017 Málaga

Marta Velasco Díez
Dentista
P.º de Gracia, 8 2.ºA
08045 Barcelona

c/	calle	pta.	puerta
avda.	avenida	blq.	bloque
p.º	paseo	urb.	urbanización
pza.	plaza	s/n	sin número
n.º	número	1.º	primero
dcha.	derecha	2.º	segundo
izda.	izquierda	3.º	tercero

b. ▸ Escucha y toma nota de estas direcciones.

Pista 14

4 Simula: Recomienda tus lugares

▸ En parejas o pequeños grupos, imagina que un conocido va a viajar a tu ciudad. Haz una guía de las direcciones de tus locales favoritos y preséntala a la clase.

	Nombre	Dirección	Motivo de tu preferencia
Un restaurante			
Un bar			
Un hotel			
Una tienda			

A1 en 30 horas

Paso 2

Prepárate para describir ciudades

Playa de la Barceloneta

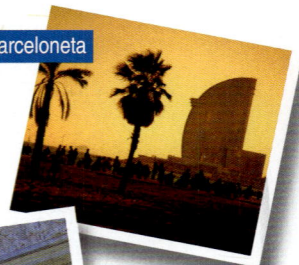

a. ▸ Marca tres opciones. Luego, encuentra un compañero con preferencias similares.

Tu ciudad ideal, ¿qué es importante para ti?

- ☑ Si tiene buen clima.
- ☑ Si tiene playa. → beach
- ☐ Si tiene un centro histórico grande.
- ☑ Si tiene muchos monumentos.
- ☐ Si tiene una gran vida nocturna.
- ☐ Si tiene muchas tiendas.
- ☑ Si tiene historia.
- ☐ Si tiene buenos museos.
- ☐ Si tiene buenos restaurantes.
- ☐ Si tiene espacios para el deporte.
- ☐ Si tiene un buen sistema de transporte público.
- ☐ Si tiene ....

> Para mí es importante la playa, el buen tiempo y si tiene tiendas.

> Para mí no, para mí los museos.

> Para mí también.

Museo del Prado

Parque Güel

Vida nocturna

b. ▸ Observa los planos de Madrid y Barcelona y responde a las preguntas.

Barcelona

Madrid

¿En Madrid hay un parque grande para pasear? Si Mas   ¿Dónde están los edificios de Gaudí? Barcelona ¿En Madrid o en Barcelona?
¿Hay playas en Barcelona? Si   ¿Dónde está el Camp Nou? Barcelona
¿Dónde está el Museo del Prado? Madrid   ¿En Barcelona no hay aeropuerto? Si (Barca) hay aeropuerto

PARA HABLAR DE EXISTENCIA Y PARA LOCALIZAR	
Hay + un/una/unos/unas there is/ mucho/a/os/as + sustantivo there are uno/dos/tres...	En Madrid hay **muchos museos**. En Barcelona hay **un parque** de Gaudí.
Estar + el/la/los/las o mi/tu/su... + sustantivo o nombre propio	El Museo del Prado **está** en Madrid. El parque Güell **está** en Barcelona.

c. ▸ Lee y completa la información de la oficina de turismo. Después di cuál de las dos prefieres.

OFICINA DE TURISMO

¿Madrid o Barcelona? Es una pregunta difícil. Pero la respuesta es fácil: depende. En Madrid *hay* muchos museos, por ejemplo *está* el Museo del Prado, con la pintura clásica europea, o el Museo Reina Sofía. También *hay* lugares muy importantes e históricos: *están* la Puerta del Sol, la fuente de Cibeles y *hay* un parque muy bueno, el parque del Retiro. En Madrid *está* el Palacio Real. Pero, sobre todo, en Madrid *hay* una gran vida por la noche: *hay* muchos bares y restaurantes, y muchas discotecas. En Barcelona *están* la Sagrada Familia, la Pedrera, el parque Güell y *hay* otras obras de Gaudí. *hay* museos de arte moderno (*están* el Museo Picasso, el MACBA, la Fundación Miró) y *hay* playas muy buenas. En Barcelona *están* las Ramblas y el Puerto Olímpico. La mejor idea es visitar las dos ciudades.

---

2 Fíjate en algunos motivos para preferir una ciudad

Pista 15

a. ▸ Escucha la descripción de estas ciudades y completa la información.

Málaga es...
Málaga está en...

Salamanca es...
En Salamanca está...

Usamos **ser** cuando identificamos ciudades, objetos, personas.
Usamos **estar** cuando situamos.

b. ▸ ¿Sabes que hay ciudades «repetidas» en el mundo? Completa estos textos con *ser* o *estar*.

SANTIAGO x 3

Chile

Es la capital del país y tiene más de 5,5 millones de habitantes. En la ciudad *es* los principales organismos del gobierno, excepto el Congreso (que *está* en Valparaíso, a 92 kilómetros). El Palacio de la Moneda y la Iglesia de San Francisco *es* los lugares más interesantes.

España

Es una ciudad grande y *es* la capital de Galicia (que *está* en el noroeste). *es* Patrimonio de la Humanidad de la Unesco. *es* una ciudad universitaria y un importante centro religioso cristiano. En el centro *es* la catedral.

Cuba

es la segunda ciudad del país, después de La Habana. Tiene un puerto muy importante. *Está* cerca de la sierra Maestra y el clima *es* cálido y húmedo. Tiene medio millón de habitantes y allí *es* el origen de la música tradicional cubana: el son, el bolero y la trova.

---

3 Informa: Tus preferencias

▸ Presenta a tus compañeros cuál es tu ciudad favorita. Para ayudarte, completa esta ficha.

Mi ciudad preferida es...	*Londres*
¿Dónde está?	*Está en la sudre de Inglaterra*
¿Qué hay?	*muchos museos, muchas tiendas, muchos turistas*
¿Cómo es?	*es un centro histórico grande, muy bonita*

1 Conoce el vocabulario urbano

a. ▸ Mira el dibujo de este barrio y relaciona las palabras con la imagen.

el banco	13
el bar	10
la calle Street	7
el colegio –Schod	11
la estación de metro	4
la farmacia	9
el hospital	2
la iglesia	8
el museo	15
la parada de autobús	14
la parada de taxis	5
el parque	1
la peluquería	3
el quiosco	12
el restaurante	6
el supermercado	16

b. ▸ Clasifica las palabras anteriores.

Business

LUGARES TURÍSTICOS	TRANSPORTE	COMERCIO
1, 8, 15, 6	4, 14, 5, 7	13, 16, 3, 12, , 16, 11, 2, 9

2 Aprende el verbo «ir»

to go.

a. ▸ Observa y completa el cuadro del verbo *ir*.
- Hola, Pedro, ¿dónde vas?
- Voy al cine.
- ¡Ah! ¿Sí? Nosotros vamos también.
- ¿Cómo vais?
- Vamos en coche.
- Ah, pues voy con vosotros, ¿vale?

IR	
(yo)	voy
(tú, vos)	vas
(usted, él, ella)	va
(nosotros, nosotras)	vamos
(vosotros, vosotras)	vais
(ustedes, ellos, ellas)	van

b. ▸ Escribe la preposición adecuada.

Ir + ... + lugar

Ir + ... + medio de transporte

Ir + ... + persona

c. ▸ Explica a tu compañero cómo vas a la escuela.

> Pues yo voy de casa a la estación a pie. Voy en el tren a la ciudad y allí voy en metro a la escuela.

Medios de transporte

el tren	el coche	el autobús
el taxi	la moto	el avión

¡Ojo! A pie

3 Aprende a preguntar y dar direcciones

a. ▸ Escucha e identifica los tres lugares y escribe el nombre.

Pista 16

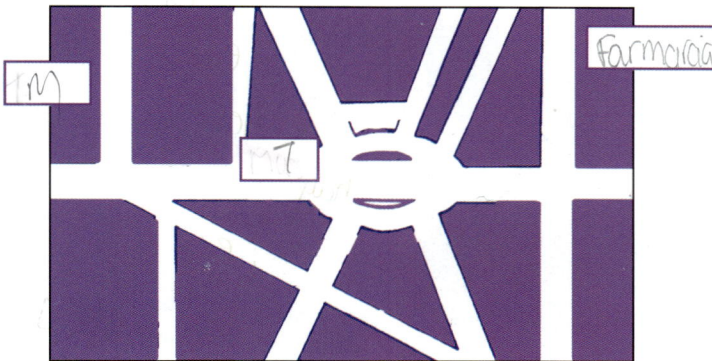

farmacia

M

M T

Usted está aquí

b. ▸ Clasifica las frases de los diálogos.

¿Hay una parada de taxi cerca? – Perdone...
– Todo recto por esta calle hasta el semáforo
– Disculpe… – ¿Una farmacia, por favor? –
Al final de la calle, a la derecha.

To attract attention

PARA LLAMAR LA ATENCIÓN
Oiga, Perdona, Disculpe

ask directions

PARA PREGUNTAR POR UN LUGAR
¿Una farmacia, por favor?, ¿Dónde está...? ¿Hay...?

reply with directions

PARA EXPLICAR UNA DIRECCIÓN
Sí, claro?

4 Soluciona: Oriéntate en la ciudad

a. ▸ Observa la imagen y descríbela. Luego, completa las frases.

Oiga, por favor…
¿Habla usted…? español
¿Dónde está…?
¿Cómo se dice en español…?
¿Cómo se va a…?

b. ▸ Simula con tu compañero: Estás perdido. Pregúntale algún lugar interesante y él te indica cómo llegar.

1 **Recuerda y practica los usos de «ser», «estar», «tener» y «hay»**

a. ▸ Completa y conoce algunas ciudades de América Latina.

Ciudades con encanto

Buenos Aires

...Es... la capital de Argentina. ...Está... en la región centro-este del país. Buenos Aires ...tiene... trece millones de habitantes y ...es... la segunda ciudad más poblada de Sudamérica. ...es... el centro político y económico del país. En Buenos Aires ...hay... muchas librerías, teatros, museos, bibliotecas, galerías de arte, porque la ciudad ...es... un gran centro artístico y cultural.

Ciudad de Panamá

...Es... la capital de la República de Panamá y ...es... también la ciudad más grande del país. La ciudad ...está... en el centro, en el océano Pacífico. Ciudad de Panamá ...tiene... más de un millón de personas. En la ciudad ...hay... muchos monumentos antiguos, grandes avenidas y, claro, también ...está... el canal de Panamá. ...tiene... muchos parques naturales donde ...hay... plantas y animales exóticos.

Cuzco (o Cusco)

...Es... una ciudad que ...está... en el sureste del Perú. Cuzco ...tiene... casi 400 000 habitantes y ...es... el principal destino turístico de Perú. En Cuzco ...hay... muchísimos monumentos incas. Uno de los lugares más famosos de la ciudad ...es... la plaza de Armas. En esa plaza ...está... la catedral.

b. ▸ Completa y relaciona cada frase con su explicación.

¿Hay o está?
a. ...Hay... un coche en el garaje.   [es un coche determinado, específico]
b. Mi coche ...está... en el parque.   [es un coche genérico]

specific

¿Es o está?
a. La puerta ...está... abierta.   [es una circunstancia, un estado]
b. La ventana ...es... grande.   [es una característica que identifica]

can change open/close
can't change

¿Es o tiene?
a. Pablo ...tiene... 24 años.   [indica la profesión]
b. Paula ...es... enfermera.   [indica la edad]

¿Eres o estás?
a. ¿Dónde ...estás...? En la playa.   [indica nacionalidad, origen o procedencia]
b. ¿De dónde ...eres...? De Granada.   [indica ubicación, localización]

A1 en 30 horas

2 Recuerda y practica el verbo «ir» con las preposiciones

a. ▶ Completa con las preposiciones adecuadas.

1. • ¿Dónde vas?
   • Voy ......*al*.... el cine.
   • ¿Dónde está el cine?
   • ....*En*.... el centro ......*en*.....del pueblo.

2. • ¿Pablo va ....*a*.... París el jueves?
   • Sí, va ....*en*.... avión.

*x no estar a x
estar en
ir a.*

3. • Marta está ......*en*..... la playa. ¡Vamos!
   • Vale, yo voy ....*en*...... bicicleta.
   • Yo no tengo, pero voy ....*al*...... pie.

4. • ¿Vas ......*a*...... la escuela .....*en*..... coche?
   • No, normalmente voy ......*en*.... metro, pero hoy voy .....*al*....... el centro comercial después de clase.

> **A + el… = al**
> *Vamos al banco.*
> **De + el… = del**
> *Voy del banco a casa en metro.*

3 Recuerda y practica las expresiones para orientarte

Pista 17

▶ Escucha e identifica la situación en la que se desarrolla cada diálogo.

3

2

1

1

4 Amplía y practica los números ordinales

a. ▶ Relaciona y escribe el femenino.

> 1.º - 2.º - 3.º - 4.º - 5.º - 6.º - 7.º - 8.º - 9.º - 10.º

4 cuarto 10 décimo 9 noveno 8 octavo 1 primero 5 quinto 2 segundo 7 séptimo 6 sexto 3 tercero

cuarta ....décima....noena ....octava..primera.quinta..segunda ....séptima.....sexta. ....tercera

b. ▶ Di estas direcciones postales.

1. C/ Manises, 20 7.ª A
2. P.º Prado, 35 5.ª dcha.
3. Pza. Mayor, 13 9.ª B

5 Amplía y practica la descripción de una casa

▶ Lee este anuncio y responde a las preguntas.

COMPARTO APARTAMENTO
Apartamento céntrico. Cocina completa (frigorífico, lavadora, microondas), salón grande y luminoso (sofá, televisión e Internet) y habitación individual (cama, escritorio, mesita de noche y armario). Solo extranjeros. 400 euros/mes. Marta: 657483930

wardrobe
bed

1. ¿Es un chalé o un piso? *un piso* *flat* *piso*
2. ¿Está lejos del centro? *No Está en el centro*
3. ¿Cuánto cuesta al mes? *400 /mes*
4. ¿Qué equipamiento tiene?
   Hay frigorífico, lavadora, microondas, televisón

Acción — Escribe un anuncio

Buscas un alojamiento u ofreces uno. Elige una de estas situaciones.

Quieres hacer un intercambio de casas para las vacaciones.

Quieres alquilar un apartamento, piso o chalé para las vacaciones.

Buscas un piso para vivir en una ciudad hispana.

Escribe un anuncio.

Para escribir el anuncio tienes que...
1. Indicar el lugar donde está o quieres el piso, apartamento o chalé.
2. Si tú lo ofreces, indicar la dirección.
3. Describirlo.
4. Explicar su situación y las comunicaciones (medios de transporte).
5. Informar del precio.
6. Dar tus datos de contacto.

segundamano. es

Provincia: «Elige provincia»

Categoría: «Elige categoría»

Anuncio de: ◉ Particular ◯ Profesional

Tipo de anuncio: ◉ se vende ◯ se compra

Tu nombre:

e-mail:

Confirmación e-mail:

Teléfono:
Ejemplo: 919876543

Código postal:

Título del anuncio:
Tu anuncio será rechazado si el título no describe exactamente el producto que ofreces.

Texto:

Precio: €

Módul

3

Organiza tu tiempo

En este módulo vamos a...
completar la agenda mensual
y quedar con amigos.

Pasos

Paso 1: Prepárate e informa sobre los horarios habituales y tu jornada laboral.
Paso 2: Simula y haz citas con tus compañeros de clase.
Paso 3: Soluciona tus problemas y pon excusas sin herir los sentimientos de los demás.
Paso 4: Repasa y actúa, organiza tu agenda del mes y concierta las nuevas citas que quieres.

Calendario azteca

1 Aprende a preguntar y decir la hora

a. ▸ Observa y marca las horas en los relojes.

- Cuando en Madrid es la una en punto, en Londres son las doce en punto.
- Cuando en París son las dos menos cuarto, en Tokio son las diez menos cuarto.
- Cuando en Londres son las tres y cuarto, en Río de Janeiro son las doce y cuarto.
- Cuando en Río de Janeiro son las diez y media, en Lima son las ocho y media.

En Londres

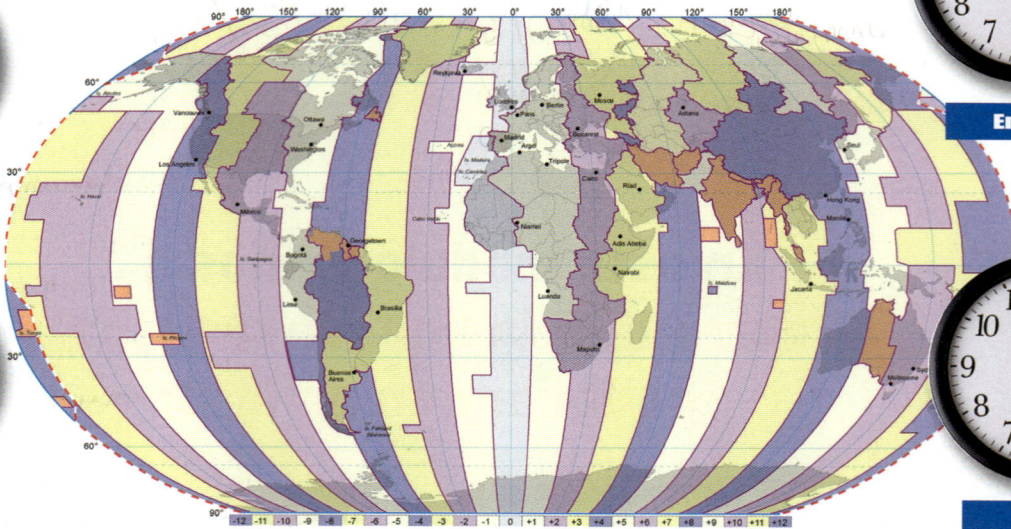

En Tokio

En Río de Janeiro

En Lima

b. ▸ Escribe las horas que marcan estos relojes en estas ciudades y di qué hora es en tu ciudad.

Madrid	Sidney	Buenos Aires	Nueva Delhi

2:15

1. Son las dos y cuarto
2. Son las once y media
3. Son las once menos cuarto
4. Son las siete y cuarto

Atención

1:00 Es la una.
13:30 Es la una y media.
10:15 Son las diez y cuarto.
21:00 Son las nueve.
21:45 Son las diez menos cuarto.

c. ▸ Escucha y responde a las preguntas.

Pista 18

1. ¿Qué hora es?
2. ¿A qué hora llega el vuelo de Montevideo?
3. ¿A qué hora sale de casa para ir a la escuela?
4. ¿A qué hora sale el tren a Pamplona?
5. ¿A qué hora ponen las noticias?

d. ▸ Relaciona las frases con las horas. ¿Se dice igual en tu país?

1. Es la una del mediodía.
2. Son las tres de la tarde.
3. Son las ocho y media de la tarde.
4. Son las nueve de la noche.
5. Son las seis de la mañana.
6. Son las seis y cuarto de la tarde.

06:00   15:00
13:00   20:30
18:15   21:00

Atención

Son las... de la mañana
del mediodía
de la tarde
de la noche

2 **Conoce los horarios españoles**

a. ▸ Mira estas fotos de distintos establecimientos e identifícalos. Luego, di los horarios.

☐ una administración de lotería ☐ un banco ☒ una farmacia ☐ una gasolinera (estación de servicio)
☐ unos grandes almacenes ☐ un supermercado ☐ una tienda de teléfonos y móviles
☐ una tienda de segunda mano ☐ una tienda de última hora

1
Loterías y Apuestas del Estado
Lunes a Viernes
Mañana: 09,00 h. a 13,30 h.
Tarde: 17,00 h. a 20,30 h.
Sábados
Mañana: 09,00 h. a 13,30 h.
Tarde: cerrado

2
OpenCor
Abierto los 365 días del año
De 8 de la mañana a 2 de la madrugada

3
DE LUNES A VIERNES DE 9.00.H A 21.00.H

Atención

Desde o **de** indican el comienzo de un periodo de tiempo.
Hasta o **a** indican el final de un periodo de tiempo.
Las horas de la tarde se leen:
18:00 las seis de la tarde
19:00 las siete de la tarde
20:00 las ocho de la tarde
22:00 las diez de la noche
24:00 las doce de la noche

4
HORARIO COMERCIAL
ABIERTO
de 10 a 22 horas
de Lunes a Sábado

5
E.S. El Carmen nº 3827
Horario 24 horas
Autoservicio 22:00-08:00 h.
Prepago 22.00-08:00 h.

6
HORARIO DE LUNES A SÁBADO
DE 9.15 A 21.15 h.

7
LA GRAN OPORTUNIDAD
HORARIO
DE LUNES A VIERNES
MAÑANAS: DE 10:00 A 14:30
TARDES: DE 17:00 A 20:30
SABADOS
MAÑANAS: DE 10:00 A 14:00
TARDES: CERRADO

8
CAJAGRANADA
Horario
de lunes a viernes
de 8:30 a 14:15

9
Horario
Lunes a Viernes
10:00 - 14:00
17:00 - 20:30
Sábado
10:00 - 14:00

Normalmente las tiendas están abiertas por la mañana desde las nueve en punto hasta...

b. ▸ Lee este texto sobre los horarios españoles. ¿Son iguales los horarios en tu país? Primero, marca qué es diferente. Luego, explica las similitudes y las diferencias.

Cuando estamos en un país extranjero, es importante adaptarte al ritmo de vida. Los horarios españoles pueden sorprender y es bueno saber cómo son. En general, la mayoría de los españoles desayuna entre las siete y las ocho. El desayuno es ligero (un café y galletas). El trabajo en las oficinas y bancos empieza a las ocho y media; los colegios, a las nueve. Las tiendas abren entre las nueve y media y las diez. Muchos empleados hacen una pausa entre las diez y diez y media y toman un segundo desayuno. Las tiendas cierran a las dos, porque entre las dos y las tres y media es la hora de la comida. Los restaurantes abren sus puertas desde la una y media hasta las cuatro. Normalmente los trabajadores tienen una o dos horas para comer. Entre las tres y las cuatro están otra vez en su trabajo hasta las seis o las siete. Las tiendas por las tardes abren de cinco a ocho y media, pero los grandes supermercados y los almacenes no cierran al mediodía. Los restaurantes abren por la noche desde las nueve hasta las diez y media o las once, pues los españoles cenan a esa hora. Los bancos solo abren por las mañanas de ocho y media a dos de lunes a sábados. Los domingos, normalmente, todos los bancos y tiendas están cerrados.

3 **Informa: Tus horarios habituales**

a. ▸ Piensa en tu horario habitual. ¿A qué hora haces estas actividades?
• Trabajar • Ir a la escuela • Hacer la comida • Hacer los deberes • Estudiar • Llegar a casa • Ir a dormir

b. ▸ Ahora, habla con tu compañero y encuentra cuándo tiene tiempo libre para quedar.

¿A qué hora llegas a casa?

A las...

Paso 2
Simula: Haz citas

Aprende a hablar de actividades cotidianas

a. ▶ Relaciona las actividades de tiempo libre con las imágenes y marca las que practicas.

1. Bailar
2. Cenar fuera - *dine out*
3. Cocinar
4. Cuidar el jardín
5. Dormir mucho
6. Escuchar música *listen to music*
7. Esquiar *ski*
8. Hacer deporte *sports*
9. Hacer bricolaje *DIY*
10. Ir al cine *go to cinema*

11. Ir de compras *Shopping*
12. Jugar al fútbol
13. Leer
14. Nadar *Swim*
15. Navegar por Internet *Surf*
16. Salir con los amigos *hang out with friends*
17. Tocar un instrumento *play an instrument*
18. Ver la tele *watch TV*
19. Viajar *travel*

b. ▶ Completa la siguiente tabla con tus actividades preferidas. Pregunta a tus compañeros y encuentra a alguien con tus mismas aficiones.

Vez: time

	Hacer deporte	Dormir 8 horas	Navegar por Internet	Ir al cine o teatro	Comer o cenar fuera	Bailar en una discoteca	Leer el periódico	Viajar
Todos los días/meses/años								
Todas las mañanas/tardes /noches/semanas			Todas las noches				Todas las tardes	
Una vez por semana/mes/año						Una vez por semana		1 año
Dos/tres/cuatro... veces por semana/mes/año	Dos veces por semana			Tres veces por mes				
Una vez/dos/tres... veces al día/mes/año		Una vez al mes			Una vez al mes			

> ¿Cuántas veces practicas deporte a la semana?

c. ▶ Elige tres actividades y marca la opción según tus preferencias. Después, pregunta a tu compañero para saber si tiene las mismas costumbres.

1. **Afeitarte** ☐ con maquinilla eléctrica ☐ con maquinilla manual
2. **Ducharte** ☐ por la mañana ☐ por la noche
3. ☐ **Levantarte pronto** ☐ **Acostarte tarde**

4. **Lavarte** ☐ con jabón ☐ con gel
5. **Vestirte** ☐ en el baño ☐ en la habitación
6. **Dormirte** ☐ con la tele puesta ☐ sin tele

d. ▶ Observa y completa.

te comb   *to get up*   *to shower*

	PEINARSE	LEVANTARSE	DUCHARSE
(yo)	me peino	me levanto	me ducho
(tú)	te peinas	te levantas	te duchas
(vos)	te peinás	te levantás	te duchás
(usted, él, ella)	se peina	se levanta	se ducha
(nosotros, nosotras)	nos peinamos	nos levantamos	nos duchamos
(vosotros, vosotras)	os peináis	os levantáis	os ducháis
(ustedes, ellos, ellas)	se peinan	se levantan	se duchan

> **Atención**
>
> Los verbos reflexivos se forman con un pronombre reflexivo antes de la forma del verbo en presente.
> Un verbo es reflexivo cuando la persona hace y recibe la acción.
> *Me ducho por las noches.*

e. ▶ ¿Cuáles de estos verbos son reflexivos? Escribe el pronombre.

Ver…… la televisión – duchar…… por la mañana – desayunar…… café y unas galletas – afeitar…… con maquinilla eléctrica – lavar…… las manos frecuentemente – comer…… en un restaurante

f. ▶ Lee y completa el texto con una de las expresiones. Luego, escucha y comprueba.

Pista 19

> a menudo - a veces - casi nunca - casi siempre - en general - muchas veces - nunca - todos los días

Soy una persona de costumbres *todos los días* me levanto a las seis de la mañana para ir a trabajar. Desayuno un café y, *a veces*, como unas galletas, pero otras, tostadas o un bollo. *Casi siempre* tomo el autobús y *nunca* llego tarde al trabajo. *Muchas veces* me quedo a comer en la oficina, si tengo mucho trabajo y, por la tarde, para relajarme, *a menudo* practico natación en la piscina. Cuando llego a casa, *en general* ceno ligero y *casi nunca* veo la tele porque me duermo antes de las 23:00.

2 Aprende a quedar

a. ▶ Lee y ordena el diálogo.

- [ ] ¿Cenamos juntos el viernes?
- [ ] ¿Vamos a un restaurante mexicano?
- [ ] ¿Y el sábado?
- [ ] No, el viernes no, es que tengo otra cita.
- [ ] Perfecto. Pues hasta el sábado en tu casa.
- [ ] Pues a las nueve o nueve y media en tu casa.
- [ ] Sí, el sábado sí.
- [ ] Vale, muy bien. ¿Cómo quedamos?
- [ ] Vale, pero mejor a las nueve y media.

QUEDAR	
Proponer una actividad	¿Comemos juntos el jueves?
	¿Y si comemos juntos el jueves?
	¿Quedamos para comer juntos el jueves?
Aceptar	Vale, ¿a qué hora?
	Sí, pero otro día.
	Muy bien, ¿cómo quedamos?
	Perfecto, entonces hasta… en…
Rechazar	No, es que…
	Me viene mal.

b. ▶ Queda con tu compañero que tiene las mismas aficiones que tú.

3 Simula: Haz citas

▶ Elige una situación y negocia la hora que más te interese.

1 Buscas fecha y hora para una reunión de trabajo con tus compañeros y tu jefe. Escribes un *e-mail* informando de tu horario y haciendo una propuesta para la reunión.

2 Buscas fecha y hora para ir a cenar con tus compañeros de clase. Habla con todos.

3 Llamas por teléfono para pedir hora en la peluquería y las primeras citas no te vienen bien.

Paso 3
Soluciona: Pon excusas

1 Conoce actividades para pasar el tiempo

a. ▶ Relaciona estas actividades con las fotos y los lugares. Añade tres más y marca las que te gustan y las que no. Después, di cuáles piensas que son perder el tiempo.

3 a. Alquilar una película y verla. *choose a film & watch it*
6 b. Cambiar de peinado. *change hair cut*
2 c. Conducir sin un destino fijo. *Drive without a location*
8 d. Hacer fotografías.
4 e. Ir de compras.
7 f. Ver una película. *watch a movie*
9 g. Tener una cena romántica.
1 h. Tomar algo. *Drink something*
5 i. Ver un partido de fútbol. *a match*

1. En la cafetería.
2. Por la carretera. *On the road*
3. En casa.
4. En el centro comercial.
5. En el estadio o en la tele. D
6. En la peluquería.
7. En el cine H
8. En el parque. F
9. En el restaurante. A

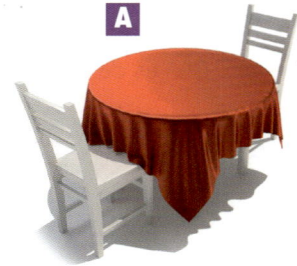

A

B

C

D

E

F

G

H

I

b. ▶ Propón actividades a tu compañero y reacciona a sus propuestas.

PROPONER ACTIVIDADES		
Proponer hacer algo	¿Vamos a + infinitivo? ¿Y si vamos juntos a...?	¿Vamos a cenar juntos hoy? ¿Y si vamos juntos al centro de compras?
Expresar condición	Si + presente, + presente	Si hace bueno, podemos ir a la playa.

c. ▶ Contesta a las siguientes preguntas y busca un compañero con reacciones parecidas.

What do you do if...

1. ¿Qué haces si te quedas sin dinero durante el viaje?
2. ¿Qué haces si el servicio de habitaciones del hotel es malo?
3. ¿Qué haces si el día que quieres ir al campo hace frío? *→ countryside*
4. ¿Qué haces si no puedes hacer la facturación *on-line* de tus billetes de avión? *can know*
5. ¿Qué haces si no sabes dónde estás en una ciudad que no conoces? *you don't know*
6. ¿Qué haces si no sabes qué monumentos ver en la ciudad nueva?
7. ¿Qué haces si te quedas sin batería en el móvil y tienes que llamar urgentemente?
8. ¿Qué haces si no comprendes la carta en un restaurante?

Pues yo, si me quedo sin dinero, utilizo una tarjeta de crédito.

¡Ah! ¿Sí? Pues yo no. Yo, si me quedo sin dinero, me voy a casa.

2

Aprende a poner excusas

a. ▸ Relaciona las propuestas con las reacciones.

1. ¿Vamos al cine este fin de semana?
2. He reservado una mesa para esta noche.
3. Podemos ir a pescar el sábado.
4. ¿Te apetece jugar al fútbol esta tarde?
5. ¿Vamos a la discoteca esta noche?
6. ¿Vemos la exposición? Creo que es buena.

a. Es que no tengo ganas de madrugar, quiero dormir mucho.
b. Prefiero hacer otra cosa. Es que no me apetece bailar.
c. ¿Una película? ¿Por qué no vamos de compras?
d. ¿Al museo? Mejor a un concierto, ¿no?
e. ¿Esta tarde? Hace muy mal tiempo, ¿no? Mejor vamos al teatro.
f. No tengo ganas de salir esta noche. ¿Y si cenamos en casa?

b. ▸ Imagina y ponle excusas a tu compañero para no hacer las actividades propuestas en el ejercicio 1.

PONER EXCUSAS	
Rechazar una actividad cortésmente	Es que… no puedo.
	no me apetece mucho.
	tengo otra cita.
Proponer una alternativa	Mejor podemos…

PODER	
(yo)	puedo
(tú)	puedes
(vos)	podés
(usted, él, ella)	puede
(nosotros, nosotras)	podemos
(vosotros, vosotras)	podéis
(ustedes, ellos, ellas)	pueden

c. ▸ Escucha y explica qué ocurre en cada situación. Propón una forma más adecuada de decir que no.

Pista 20

3

Soluciona: Pon excusas

a. ▸ Observa la imagen. ¿Qué crees que piensa ante cada invitación?

a. No tengo suficiente dinero.
b. No me interesa.
c. ¡Qué aburrido!
d. Fútbol no, por favor.

1 Hay una obra de teatro muy buena. ¿Vienes con nosotros? Total, solo cuesta 150 euros.

2 ¿Y si vienes este fin de semana a conocer a mi familia?

3 ¿Y si vamos a ver el partido del Real Madrid el domingo?

4 Mi novio da una conferencia sobre Filosofía. ¿Por qué no vamos juntos?

b. ▸ Imagina que estás en la misma situación. Pon excusas y ofrece alternativas.

1 Recuerda y practica los verbos

a. ▸ Completa con la forma correcta del verbo.

(handwritten note: después de = after; shave)

Todos los días, por la mañana. [levantarse] **me levanto** a las 7:30, [afeitarse] **me afeito**, [ducharse] **me ducho**, [tomar] **me tomo** un café, [lavarse] **me lavo** los dientes y [peinarse] **me peino** antes de vestirme y de ir al trabajo.

(handwritten: to get dressed; antes de + before; + inf = if reflex, change person)

b. ▸ Relaciona y forma frases.

1. Nosotros bebemos
2. Javier y Marta
3. El director llama por teléfono
4. La profesora
5. Yo

a. explica la lección.
b. me ducho en el gimnasio.
c. a la secretaria.
d. escuchan música.
e. café por las mañanas.

c. ▸ Ordena las acciones y escribe un texto breve.

- *(5:30)* Salir a las 17:00 de la oficina.
- *(6:30)* Volver a casa a las 20:30. — *volver - to return*
- *(3:15)* Jugar al tenis por la tarde.
- *(9am)* Ir a comprar.
- *(7am)* Levantarse. — *to get up*
- *(7:3)* Hacer la cena. — *to do dinner*
- Acostarse. — *to go to bed*
- Ducharse.
- Ir a trabajar.
- Ver la televisión antes de dormir.
- Salir para comer (tiene una hora y media de pausa).
- Desayunar.

(handwritten note: Se levanta a las siete en punto,)

2 Recuerda y practica la hora

a. ▸ Escribe la hora.

6:25   Son las seis y veinte cinco
1:03   Es la una y tres
12:45   Es la una menos cuarto
8:15   ....
10:00   ....
00:35   ....

b. ▸ Observa la agenda típica de un empleado español. Escribe la de un empleado de tu país y explica las diferencias.

07:00 Café.
08:30 Oficina.
11:00 Desayuno.
14:30 Comida (con director comercial).
16:00 Oficina.
17:00 Reunión (con *Marketing*).
18:30 Entrenamiento fútbol (niños).
19:00 Gimnasio.
22:00 Cena.
24:00 Acostarse.

3 ## Recuerda y practica las expresiones de frecuencia

a. ▶ Contesta a las preguntas.

1. ¿Cuántas veces sales a cenar a un restaurante? *3 v /mes*
2. ¿Con qué frecuencia te cortas el pelo? *12 v años*
3. ¿Cuántas veces te sueles mirar al espejo cada día?
4. ¿Con qué frecuencia te alojas en un hotel? *3 /año*
5. ¿Con qué frecuencia te maquillas/te afeitas? *todas los días*
6. ¿Sueles dormirte mientras vas en transporte público? ¿Con qué frecuencia?
7. ¿Cuántos vasos de agua tomas al día?

→cuthair
Do you tend +inf
glass of water a day
Sueb=Itend to
Suelo ir a un restaurante
alojarse - tostay

b. ▶ Escucha y di la frecuencia con la que hacen las actividades.

Pista 21

c. ▶ Ordena las acciones con la frecuencia en que las haces y escribe las frases.

☐ Levantarse .... *Todos los días me levanto a las siete en punto de la mañana.*
☐ Ducharse ....
☐ Estudiar ....
☐ Acostarse ....
☐ Peinarse ....
☐ Lavarse las manos ....
☐ Desayunar tostadas con mermelada ....
☐ Publicar en tu *blog* ....
☐ Jugar al fútbol ....

4 ## Recuerda y practica los verbos reflexivos

▶ Subraya el nombre de estos objetos y escribe la actividad para la que se usan.

para + inf

1. Ducharse
2. Afeitarse
3. Maquillarse
4. Lavarse las manos
5. Peinarse
6. Cepillarse los dientes

¿Crema o maquillaje?
1. ...*maquillaje*

¿Champú o jabón?
2. ...*jabón*...

¿Maquillaje o maquinilla de afeitar?
3. ...*maquinilla*

¿Crema de afeitar o jabón?
4. ...*Crema de afeitar*

¿Cepillo o maquinilla?
5. ...*Cepillo*...

¿Cepillo o pasta de dientes?
6. ...*pasta de dientes*

¿Cepillo o peine?
7. ...*peine*...

¿Gel o jabón?
8. ...*Gel*...

Acción

Organiza tu agenda mensual para el próximo mes teniendo en cuenta estos datos.

- Tus clases
- Los deberes
- Los cumpleaños de tus amigos y familiares
- El trabajo
- Días festivos
- Tus actividades de tiempo libre habituales (deporte, gimnasio, cine...)
- Espectáculos: conciertos, partidos de fútbol...
- Otras actividades: hacer compras, ir al banco...
- Viajes, excursiones, visitas programadas
- Programas de televisión que ves normalmente

LUNES	MARTES	MIÉRCOLES	JUEVES	VIERNES	SÁBADO	DOMINGO
			1	2	3	4
5	6	7	8	9	10	11
12	13	14	15	16	17	18
19	20	21	22	23	24	25
26	27	28	29	30	31	

Ahora habla con tus compañeros para encontrar cuándo podéis hacer estas cosas todos juntos. Añade más actividades.

- Repasar juntos.
- Hacer los deberes.
- Salir un día a tomar algo con el profe y hablar en español.
- Ver un vídeo en español.

Módulo

4

Familiarízate con una nueva gastronomía y forma de comer

En este módulo vamos a...
elegir el menú de una cena con amigos.

Pasos

Paso 1: Prepárate e informa sobre tu plato favorito y sus ingredientes.
Paso 2: Simula, elige un menú y desenvuélvete en un restaurante.
Paso 3: Soluciona tus problemas, controla lo que comes y ten en cuenta tus gustos, alergias, etc.
Paso 4: Repasa y actúa, infórmate de los gustos de tus compañeros, diseña un menú, y organiza con ellos una cena.

POTAJE

PISTO

PANACHÉ

MARMITAKO

GAZPACHO

CALLOS A LA MADRILEÑA

⏱ 1 **Conoce los nombres de los alimentos**

a. ▸ Lee este texto e infórmate de los productos tradicionales españoles.

ESPAÑA, UN GRAN SUPERMERCADO

España es un país con una gran riqueza natural y un clima muy bueno. Por eso, tiene una gran variedad de productos de calidad en todas las partes del país. El pulpo y mariscos, en Galicia, o la leche y los quesos de Asturias.

En Cantabria encontramos los mejores boquerones y en el País Vasco, la merluza..., pero también hay pescado en el sur: las sardinas y las gambas son muy famosas. Las mejores verduras están en Murcia (tomates, pimientos, cebollas...), en Navarra (espárragos, alcachofas) y en Aragón (lechugas, pepinos, tomates...). También hay fruta muy buena: las fresas de Madrid, los plátanos de Canarias, las naranjas y los limones de Valencia, las cerezas de Extremadura y las peras en Cataluña.

En Extremadura, Castilla-La Mancha y Andalucía, hay muchos olivos, que dan las aceitunas de donde sale el aceite de oliva.

El cerdo (del que sale el famoso jamón ibérico) en Castilla y León y en Andalucía son ejemplos de las mejores carnes.

b. ▸ Clasifica las palabras marcadas.

meat — *fruits & veg* — *milk & dairy* — *fish & sea food* — *other*

CARNES	FRUTAS Y VERDURAS	LÁCTEOS Y HUEVOS	PESCADOS Y MARISCOS	OTROS
cerdo, *pork*	lechugas, pepinos, tomates, fresas, limones, cebollas, espárragos, pimientos, alcachofas, plátanos, cerezas, peras	leche, queso	sardinas, boquerones, merluza, gambas, pulpo	

c. ▸ Completa la lista anterior con estas palabras. ¿Puedes añadir más?

La cebolla — El pan — El queso — El pollo — La naranja — El atún — La ternera

El tomate — El jamón — El salmón — La lechuga — El huevo — La leche

La manzana — La mantequilla — La patata — El yogur — La mermelada — El plátano — La pasta

d. ▸ Escribe un texto como el anterior con el mapa gastronómico de tu país o región.

2 **Descubre el verbo «gustar»**

a. ▶ Escucha a esta viajera por España y marca de qué habla y qué le gusta.

Pista 22

a. ☐
El melón con jamón

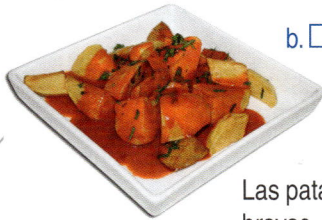
b. ☐
Las patatas bravas

c. ☐
La paella

d. ☐
La ensaladilla

Las aceitunas
e. ☐

f. ☐
La tortilla de patata

g. ☐
Los boquerones

b. ▶ Observa el verbo *gustar*.

(yo)	a mí	me		
(tú, vos)	a ti/vos	te	gusta	la paella
(usted, él, ella)	a usted/él/ella	le	+	el pescado
(nosotros, nosotras)	a nosotros/as	nos		
(vosotros, vosotras)	a vosotras/as	os	gustan	las tapas
(ustedes, ellos, ellas)	a ustedes/ellos/as	les		los boquerones

c. ▶ ¿Comprendes bien este verbo? Elige la opción correcta.

1. A mi madre y a mí me/nos gusta la gastronomía española.
2. ¿Te gusta/gustan comer tapas?
3. A Pedro se/le gusta cocinar.
4. Los niños les/A los niños les gusta la tortilla de patata.
5. A nosotros nos gustamos/gusta el gazpacho.
6. A ellos le/les gustan los helados.

d. ▶ Haz una lista de las comidas que te gustan y las comidas que no te gustan. Después, habla con tus compañeros y encuentra quién se parece más a ti en sus gustos.

A mí me gusta mucho la comida mexicana.

GUSTO	RESPUESTA
Me gusta el pescado.	A mí también. A mí no.
No me gusta el pescado.	A mí sí. A mí tampoco.

3 **Informa: Tu plato favorito**

a. ▶ ¿Cuál es el plato típico de tu ciudad? Completa esta ficha y explícala a la clase.

NOMBRE DEL PLATO Salchicha y las patatas

ORIGEN Ingletera

INGREDIENTES Salchichas Patatas, la leche, la mantequilla y verduras.

b. ▶ Toma nota de los platos de los que hablan tus compañeros y señala los que te gustan y los que no.

1 Aprende a expresar preferencias

a. ▸ Lee estos menús y relaciónalos con el restaurante.

1. Restaurante chino 4
2. Cafetería 5
3. Restaurante español
4. Bar de tapas
5. Hamburguesería 2
6. Restaurante italiano 6

Menú 1
Primero:
Ensalada
Segundo:
Paella
Fruta
Precio: 9,75 €

Menú 2
Hamburguesa
con patatas fritas
Helado de fresa
Refresco
Precio: 6,50 €

Menú 3
Bebida
Tapa de jamón
Tapa de queso
Precio: 5,25 €

Menú 4
Rollitos primavera
Arroz tres delicias
Ternera con bambú
Helado de chocolate
Precio: 9 €

Menú 5
Tostada, café y
zumo natural
Precio: 3,95 €

Menú 6
Primero:
Macarrones boloñesa
Segundo:
Pizza al gusto
Agua
Precio: 7,50 €

b. ▸ Responde a las preguntas.

a. ¿Cuál te gusta más? ¿Por qué?
b. ¿Con qué frecuencia vas a ese tipo de restaurante?
c. ¿Qué te gusta más…?
1. … de primero, ensalada, sopa o verdura
2. … de plato principal, carne o pescado
3. … de postre, fruta o dulce

2 Descubre cómo actuar en el restaurante

Pista 23

a. ▸ Escucha y completa los diálogos.

1

Camarero:	¡Hola, buenas tardes! ¿Qué van a tomar?
Hombre:	Para mí, de primero, un gazpacho.
Camarero:	Un gazpacho. ¿Y usted, señora?
Mujer:	Yo .....quiero..... plato único. ¿Qué me recomienda?
Camarero:	¿Qué .....prefiere....., carne o pescado?
Mujer:	No sé, carne, quizá.
Camarero:	La ternera está muy buena.
Mujer:	De acuerdo, ternera entonces.
Camarero:	Y para usted, de segundo, ¿qué le traigo?
Hombre:	No sé, ¿me .....pido..... un pescado? Sí, salmón a la plancha.
Camarero:	Muy bien, salmón a la plancha. ¿Y para beber?
Mujer:	Agua sin gas, por favor.
Hombre:	Yo también, pero con gas.
Camarero:	Gracias.

2

Camarero:	Buenas... ¿Qué les pongo?
Cliente:	Dos refrescos. → *drink*
Camarero:	De acuerdo, ¿ ...*Quieren*... algo de picar?
Cliente:	Pues no sé muy bien... ¿Qué nos ...*recomienda*...?
Camarero:	Tenemos de todo. Hay tapas y raciones típicas de la zona. Gambas a la plancha, paella...
Cliente:	¿Te parece bien si ...*probamos*... dos o tres tapas? Tengo hambre.
Camarero:	Tengo pulpo a la gallega y calamares que están buenísimos. También hay patatas bravas.
Cliente:	A ver, nos pone una de...

b. ▶ **Responde a las preguntas.**

1. ¿Dónde están en cada diálogo? Marca las fotos.

2. ¿Qué van a comer en el diálogo 1?
3. ¿Qué hora crees que es en el diálogo 2?
   - a. Las 8:00.
   - b. Las 10:00.
   - c. Las 20:30.
4. ¿Qué piden para beber?
5. ¿Qué no recomienda el camarero?
   - a. Gambas a la plancha.
   - b. Paella.
   - c. Pulpo a la gallega.
   - d. Pinchos morunos.

a. ☐

c. ☐

c. ▶ **Ordena, con tu compañero, este diálogo entre un cliente y un camarero.**

b. ☐
d. ☐

☐1 Hola, buenas tardes. Tengo una mesa reservada.	☐5 Aquí tiene la carta. ¿Qué quiere para beber?
☐6 Agua mineral.	☐3 A nombre de Pedro García.
☐ ¿Sí? Perfecto. Entonces, un gazpacho.	☐7 Un filete de ternera en salsa.
☐ Está muy bien. Gracias.	☐4 Uhmmm... sí. Para una persona, ¿verdad? Sígame, por favor. Esta es su mesa.
☐7 De acuerdo. ¿Qué desea primero?	☐8 ¿Y de segundo?
☐ Filete... ajá. Gracias. Buen provecho.	☐ Vamos a ver... Uhmmm. ¿Qué tal está el gazpacho?
☐2 ¿A nombre de quién?	☐ Está muy bueno, muy refrescante.

3

Simula: Elige un menú

▶ **Con tu compañero imagina el diálogo: uno es el camarero y el otro el cliente.**

Cliente
1. Saluda.
2. Pide mesa.
3. Pide una recomendación.
4. Pide el primer plato.
5. Pide el segundo plato.
6. Pide una bebida.
7. Pide la cuenta.

Camarero
1. Saluda.
2. Lleva a la mesa.
3. Recomienda un plato.
4. Pregunta por el segundo.
5. Pregunta por la bebida.
6. Di cuánto hay que pagar.

1 **Descubre diferentes tipos de restaurantes y bares**

a. ▸ Lee el texto, infórmate e identifica el tipo de restaurante por las ofertas.

Existen muchos tipos diferentes de restaurantes. En los días laborales, a la hora de comer (entre la una y media y las tres y media) es frecuente ir a los **restaurantes de menú del día**. Son restaurantes económicos, de comida casera y poco sofisticada que ofrecen, por un precio único, dos o tres primeros platos, a elegir uno, dos o tres segundos, también para elegir uno, postre, pan y bebida. Para ocasiones especiales, por la noche o días importantes hay muchos **restaurantes a la carta**, es decir, restaurantes que ofrecen una lista grande de platos. Tradicionalmente se elige un primer plato (verdura, sopa, pasta, ensalada) y un segundo plato principal. Si estás con amigos o familiares y quieres una cena informal una muy buena opción son los **bares de tapas** y raciones, platos de comida que se comparten.

bares de tapas

1

CASA LUCAS
RECOMIENDA

PINCHOS FRÍOS
JUMILLA — PASTEL DE ESPINACAS Y PUERROS CON GAMBAS — 5.00
BINISSALEM — VENTRESCA DE BONITO AL HORNO CON VERDURAS CONFITADAS — 6.00
MANCHA — PISTOTIBIO CON HUEVO DE CODORNIZ FRITO Y JAMÓN — 6.00

PINCHOS CALIENTES
CARIÑENA — SOLOMILLOS DE CERDO, A LA PLANCHA, SOBRE CEBOLLA CONFITADA — 5.00
MADRID — MORCILLA DE CEBOLLA EN REVUELTO CON TOMATE DULCE — 5.00
ALELLA — POLLO EN SALSA DE SOJA CON CEBOLLA MORADA Y MOUSSE DE MAÍZ — 6.00

RACIONES
CROQUETAS — CASERAS DE JAMÓN SERRANO — 6.00
HOJALDRE — DE MORCILLA DE CEBOLLA, CON VERDURAS CONFITADAS — 12.00
ENSALADA — DE TOMATE, QUESO DE CABRA, ORÉGANO Y ALBAHACA — 12.00
COUS COUS — VERDURAS CON POLLO AL CURRY Y — 14.00
TATAKI — DE BONITO FRESCO, CON CEBOLLETA, SALSA DE SOJA Y PURÉ DULCE DE MANZANA — 14.00
CARRILLADA — CON PURÉ DE PATATAS Y ACEITE AL AJO — 17.00
ARROZ — CREMOSO CON BOLETUS, FOIE Y HUEVO POCHÉ (10 A 15 MINUTOS) — 18.00
FOIE — (MI CUIT) AL OPORTO CON FRUTAS CARAMELIZADAS — 19.00
SECRETO — IBÉRICO FRITO CON CHUTNEY DE PERA Y VINAGRETA DE MOSTAZA — 18.00
CANELÓN — DE PASTA NEGRA CASERA, RELLENO DE MARISCO, VERDURAS AL CURRY Y SALSA DE QUESO FRESCO — 14.00
FARDOS — DE CALAMARES CON BACON Y MOUSSE DE TINTA DE CALAMAR — 14.00
CARPACCIO — DE PULPO CON REVOLCONAS Y BACÓN — 15.00
ENSALADA — DE VERDURAS CON TRONCOS DE VIEIRAS — 15.00

2

CASA FIDEL
menú
Sopa de Almendras
Menestra de Verduras
Butifarras huevo y patatas
Bacalao al horno con tomate
pan + bebida + postre o café
10.50€

1/2 o gran menú del día o lunch

b. ▸ Responde a las preguntas.
1. ¿Qué tipo de restaurante es más barato?
2. ¿Cuál es más informal?
3. ¿Cuál es más sofisticado?
4. ¿En cuál crees que puedes encontrar platos tradicionales como paella o gazpacho?
5. ¿Cuál es más funcional? ¿Por qué?

la carta

3

Restaurante
EL MARINERO

ENTRANTES
Pan al ajillo .... 2.00€
Queso frito .... 6.00€
Tortilla Española .... 4.00€
Tortilla Española con gambas .... 6.50€
Champiñones al ajillo .... 4.50€
Gambas al ajillo .... 8.00€
Revuelto de gambas con champiñones .... 8.00€
Cazuela de champiñones y gambas .... 9.00€
Pimientos de padrón .... 5.50€
Pulpos .... 8.50€
Lapas .... 9.00€
Puntillas de calamar .... 7.00€
Carpaccio de ternera .... 5.50€
Cocktail de gambas .... 6.50€
Ensalada .... 4.00€
Ensalada de la casa .... 5.50€

COMIDAS
Sopa del día ....
Langostinos a la plancha .... 4.80€
Calamares a la plancha .... 13.00€
Calamares a la romana .... 12.50€
Pescado frito o cocido .... 12.50€
Filete de pescado a la plancha .... 16.00€
Filete de pescado rebozado .... 9.80€
Atún a la plancha .... 10.50€
Vieja o sama a la espalda .... 10.50€
Solomillo a la plancha .... 16.00€
Solomillo a la pimienta o salsa de champiñones .. 12.00€
Solomillo El Marinero .... 14.00€
Lomo de cerdo a la plancha .... 16.00€
Pechuga empanada o a la plancha .... 9.00€
Chuletón de novillo o de ternera .... 6.00€
Filet Mignon .... S/P
.... 15.00€

COMIDAS POR ENCARGO
Pescado a la sal (min. 2 pers. 40.00€) .... 20.00€
Paella (min. 2 pers. 21.00€) .... 10.50€
Gallegada de pescado (Mero o Abade, min. 2 pers. 40.00€) .. 20.00€
Caldo de pescado (Mero o Abade, min. 2 pers. 40.00€) .... 20.00€
Caldo pescado de Sama (min. 2pers. 32.00€) ... 16.00€

Postres caseros

2 **Aprende a enfrentarte a una carta de un restaurante**

a. ▸ Observa la carta de este restaurante e identifica los platos.
1. Identifica tres platos que se hacen con huevo. *egg*
2. Encuentra cinco platos que llevan gambas.
3. Marca tres platos con ajo.
4. Localiza:
   a. Un plato de cerdo. *pork*
   b. Un plato de ternera. *beef*
   c. Un plato de pollo. *chicken*
   d. Un plato de pescado. *fish*

b. ▸ Escucha e identifica los platos de los que hablan.

Pista 24

3 **Fíjate en los recursos para controlar la comida**

a. ▸ Relaciona.

1. No sé los ingredientes de un plato.
2. Soy alérgico al marisco.
3. No me gustan las anchoas.
4. Tengo intolerancia a la lactosa.
5. Tengo la tensión un poco alta.
6. Quiero saber si hay un plato.

5 a. ¿Puede preparar mi carne sin sal?
2 b. ¿La paella es de marisco o de carne?
6 c. ¿Tienen paella?
3 d. ¿Me puede poner la *pizza* cuatro estaciones, pero sin anchoas?
4 e. ¿Tiene algún postre sin leche? → *some*
1 f. ¿Qué lleva el arroz negro?

b. ▸ Simula con tu compañero: estás en un bar y tienes hambre, pero quieres saber qué comes. Pregúntale.

> Perdón, ¿esta «pizza» tiene cebolla?

> Sí.

> ¿Qué lleva esta sopa?

> Pues tomate, ajo...

El sándwich

El bocadillo *Sandwich*

but with → baguette

La ensalada

La pizza

La hamburguesa

La sopa

4 **Soluciona: Ten cuidado con tu dieta**

a. ▸ Observa la imagen e indica la expresión que corresponde a la situación.

> Tener alergia a...
> No gustar...
> No comer porque...
> No comer por (mi religión, mi ideología...).
> Dar asco.

b. ▸ Elige uno de estos platos, obsérvalos en la páhina 39 e infórmate de qué lleva. Pregunta a tus compañeros por los platos y decide qué comes y qué no y por qué.

PANACHÉ

GAZPACHO

POTAJE

CALLOS A LA MADRILEÑA

PISTO

MARMITAKO

A1 en 30 horas

Paso 4 Organiza una cena
Repasa y actúa:

1 **Recuerda y practica el verbo «gustar»**

a. ▸ Completa las frases.
1. A Pedro ....*le gustan*....... los helados de chocolate.
2. A vosotros ....*os gustan*....... los espectáculos de flamenco.
3. A Cristina y a Javier ....*les gustan*....... comer en restaurantes.
4. A mí no ....*me gustar*....... el frío.
5. A nosotros ....*nos gustan*....... los churros con chocolate.

b. ▸ Contesta a las preguntas.
1. A nosotros nos gustan las películas de terror, ¿y a ti?
2. A mí me no me gusta el café con mucho azúcar, ¿y a vosotros?
3. A ellos les encanta estudiar español, ¿y a ti?
4. A mí no me gusta desconectar mi móvil por la noche, ¿y a ti?
5. A ellos les gusta ir al cine cada sábado, ¿y a vosotros?

2 **Recuerda y practica el vocabulario de la comida**

a. ▸ Escribe el nombre de estos alimentos. ¿Te gustan?

El arroz
El café
El calamar
Los espárragos
Las fresas
Las gambas

Atención

+++ Me gusta(n) mucho.
++ Me gusta(n) bastante.
+   Me gusta(n) un poco.
-   No me gusta(n) mucho.
- - No me gusta(n) nada.

1. ......*calamar*......

2. ......*café*......

3. ......*espárragos*......

4. ......*fresas*......

5. ......*gambas*......

6. ......*arroz*......

b. ▸ Desde tu punto de vista, ¿qué ingredientes tienen que llevar estas comidas para ser perfectas?

EL DESAYUNO PERFECTO

LA *PIZZA* PERFECTA

LA ENSALADA PERFECTA

EL BOCADILLO PERFECTO

Para mí, el bocadillo perfecto lleva jamón, queso...

c. ▸ Expresa tus preferencias. Amplía y pregunta a tus compañeros.
1. ¿Te gusta el chocolate con leche o sin leche?
2. ¿Te gusta el té? ¿Con limón o con leche? No
3. ¿Tomas el café con azúcar o sin azúcar?
4. ¿Te gusta la ensalada con vinagre o sin vinagre?
5. La pasta con tomate, ¿te gusta con queso o sin queso?
6. El agua, ¿con gas o sin gas?

3 Aprende y practica las formas para pagar

a. ▶ Observa las formas de pagar y relaciona con las situaciones.

La cuenta, por favor.   *3* *How much is it?*

¿Cuánto es?   *2*

¿En efectivo o con tarjeta?   *2*

1   **2**   **3**

b. ▶ Formula frases en cada situación.
1. Terminas de comer y quieres pagar: *La cuenta pf*
2. Quieres saber cuánto cuesta un kilo de tomates: *¿Cuánto es?*
3. Pides la cuenta y no tienes suficiente dinero para pagar: *Puedo pagar con tarjeta*
4. Tienes una tarjeta Visa y otra American Express: ....

4 Aprende y practica el verbo «preferir»

a. ▶ Observa y completa.

PREFERIR	
(yo)	....
(tú)	....
(vos)	preferís
(usted, él, ella)	prefiere
(nosotros, nosotras)	preferimos
(vosotros, vosotras)	....
(ustedes, ellos, ellas)	prefieren

Otros verbos: querer, empezar, cerrar, perder, recomendar…

b. ▶ Habla con tu compañero e infórmate.
1. ¿Qué restaurante prefieres normalmente?
   a. Italiano. ✓
   b. Japonés.
   c. De tu país.
2. ¿Qué tipo de comida prefieres?
   a. Casera. – *Homemade*
   b. Exótica. ✓
   c. Todo tipo.
3. ¿Qué prefieres?
   a. ¿Café o té? *Nada*
   b. ¿Fruta o dulce? *sweet/cake/desert*
   c. ¿Comida frita o a la plancha? *panfried* *deepfried*

5 Aprende y practica los pesos y medidas

Pista 25

a. ▶ Escucha estas ofertas de un supermercado, pon los productos en el orden en que los escuchas y anota los precios.

Pista 26

b. ▶ Escucha y haz la lista de lo que tiene que comprar.

Supermercado %
- ☐ Una botella de leche
- ☐ Unas manzanas
- ☐ Un kilo de azúcar
- ☐ Latas de atún
- ☐ Filetes de pollo
- ☐ Un kilo de tomates

PARA AYUDARTE
Una tarrina de
Un bote de
Una bolsa de
Una botella de
Una lata de
Media o una docena de
Una barra de
Un cartón de
Un paquete de
Una tableta de

Organiza una cena

Para organizar una *dinner* cena con amigos, debes conocer los gustos de tus invitados, confeccionar un menú y hacer la lista de la compra. Infórmate de las siguientes cuestiones.

Infórmate:

1. ¿Cuáles son las comidas preferidas de cada compañero? *classmate*
2. ¿Hay compañeros que tienen alergias, que son vegetarianos...?

Decide:

1. ¿Cenáis en una casa o vais a un restaurante? Si cenáis fuera, ¿a qué tipo de restaurante vais a ir?
2. ¿Qué menú vais a comer? Si cenáis en casa, tienes que preparar la lista de la compra.
   a. Primer plato.
   b. Segundo plato.
   c. Postre.
   d. Bebida.

Haz la invitación:

1. Fecha y hora de la cena. *Date & time*
   17 Diciembre & 8 de la tarde
2. Punto de encuentro.
   Mi Calle
3. Motivo. *Reason*
   Mi cumpleaños.

Módulo

5

Habla de la gente que conoces

En este módulo vamos a...
describir las características que se le piden a un intercambio.

Pasos

Paso 1: Soluciona tus problemas, describe correctamente a alguien e identifica a quien buscas.

Paso 2: Simula y presenta tu familia a tus compañeros.

Paso 3: Prepárate e informa de una persona a la que admiras, sus características, rasgos, etc.

Paso 4: Repasa y actúa, describe el perfil de tu intercambio ideal y preséntate a ti mismo.

Rafa Nadal

Penélope Cruz

Jennifer López

David Bisbal

Antonio Banderas

Ricky Martin

Pedro Almodóvar

Alejandro Sanz

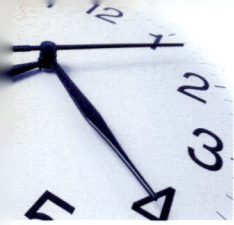

① Aprende a describir personas

a. ▸ Relaciona estas fotos de unas revistas con sus titulares.

krown hair blonde dark

d **1** Castañas, rubias y morenas en el cine.

blue eyes

a **2** Los ojos azules del mago.

pretty/beautiful

b **3** ¿Los más guapos del mundo?

hair long curly

c **4** El pelo largo y rizado para una noche perfecta.

b. ▸ Marca las palabras para hacer descripciones y completa el cuadro.

ES...	TIENE EL PELO...	TIENE LOS OJOS...	LLEVA...
tall alto – bajo *short* *guapo..* – feo *ugly* *skinny* delgado – gordo *fat* Castaña... – morena – rubia – pelirroja – calvo *red hair bald*	..larga. – corto *short* liso – ...rizado canas *= grey*	negros – ...azules – marrones – verdes grises	gafas – bigote – barba *glasses – moustache – beard*

chestnut. hair (castañon)

② Aprende a identificar personas

a. ▸ Observa las fotos e indica un rasgo físico de cada persona.

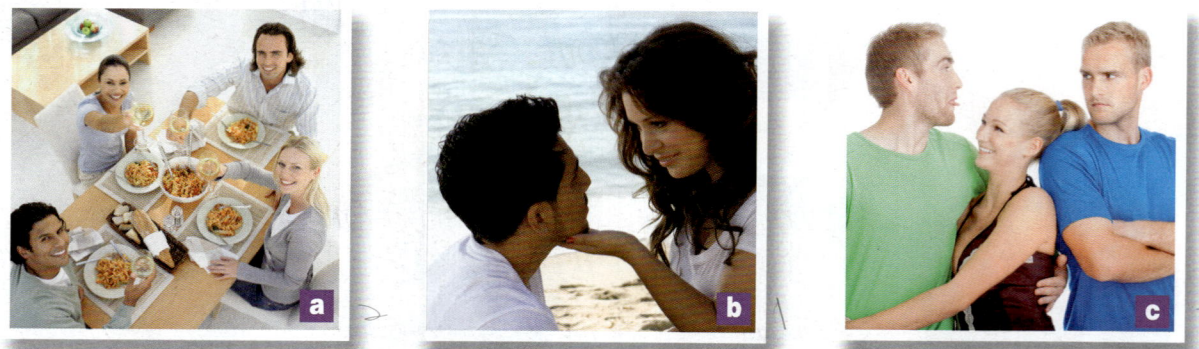

b. ▸ Escucha esta conversación e identifica las fotos.

Pista 27

c. ▶ Completa con lógica.

• Mira, aquí estamos en Cádiz, en la playa.
• ¡Qué bonita! ¿Quién es el chico ....rubio.........?
• Es un amigo de mi hermano. Es muy ....guapo........., ¿verdad?
• Sí, guapísimo... y muy ....alto........., ¿no?
• Sí, sí... y la chica ....castaña........... es su novia.

• Y esta foto es durante la comida. El chico ....moreno........ de pelo ....largo / corto.............. es mi hermano.
• ¡Es igual que tú!
• ¿Sí? ¿De verdad?

→brother siblings

• Mira, aquí estamos los tres hermanos.
• ¡Los tres rubios! ¿Y tus hermanos son gemelos? →twins
• Sí, son ....iguales............., pero Luis es más simpático.

d. ▶ Observa el cuadro y transforma las frases.

DEMOSTRATIVOS			
Masculino		Femenino	
Singular	Plural	Singular	Plural

• **Allí** aquel | aquellos | aquella | aquellas
• **Ahí** ese | esos | esa | esas
• **Aquí** este | estos | esta | estas

1. Las chicas que están ahí son italianas. .... chicas son italianas.
2. Los libros que están aquí son del profesor de español. .... libros son del profesor de español.
3. La señora que está allí estudia en mi universidad. .... señora estudia en mi universidad.
4. La bicicleta que está ahí está rota. .... bicicleta está rota.

una cita-date

3 ## Soluciona: Identifica a quien buscas

a. ▶ Observa la imagen y describe al personaje.

INCOMPLETO blind date
CITA A CIEGAS
Soy alto y delgado.
Tengo los ojos marrones.
Te espero delante del cine.

b. ▶ La mujer no lo reconoce. Completa el anuncio para ser identificado por su nueva amiga.
c. ▶ Haz una descripción detallada de ti.

Paso 2

Simula: Presenta tu familia

1 Descubre cómo se usan los dos apellidos

a. ▶ Observa los documentos y lee la información. Rellena los impresos.

DOCUMENTO NACIONAL DE IDENTIDAD

ESPAÑA

PRIMER APELLIDO
Gutierrez
SEGUNDO APELLIDO
Mariñas
NOMBRE
Alfonso
SEXO   NACIONALIDAD
M   ESP
FECHA DE NACIMIENTO
01   05   1972
DESP
AAA-000000
VALIDO HASTA
01   01   2016

3006508

DNI NÚM
99999999-R

On
Servicio integral para empresas y particulares

Rafael García de Mingo

La Oca, 6 - 28015 Madrid - España
Tel/Fax: 91 416 5912 - rgarciademingo@on.es - www.oninformatica.es

Atención

Los hispanos normalmente usan dos apellidos en documentos oficiales. En general, primero el primero del padre y después el primero de la madre.

Nombre: ....
Primer apellido: ....
Segundo apellido: ....

Nombre: ....
Primer apellido: ....
Segundo apellido: ....

b. ▶ Adivina y completa los apellidos de esta familia en los espacios naranjas.

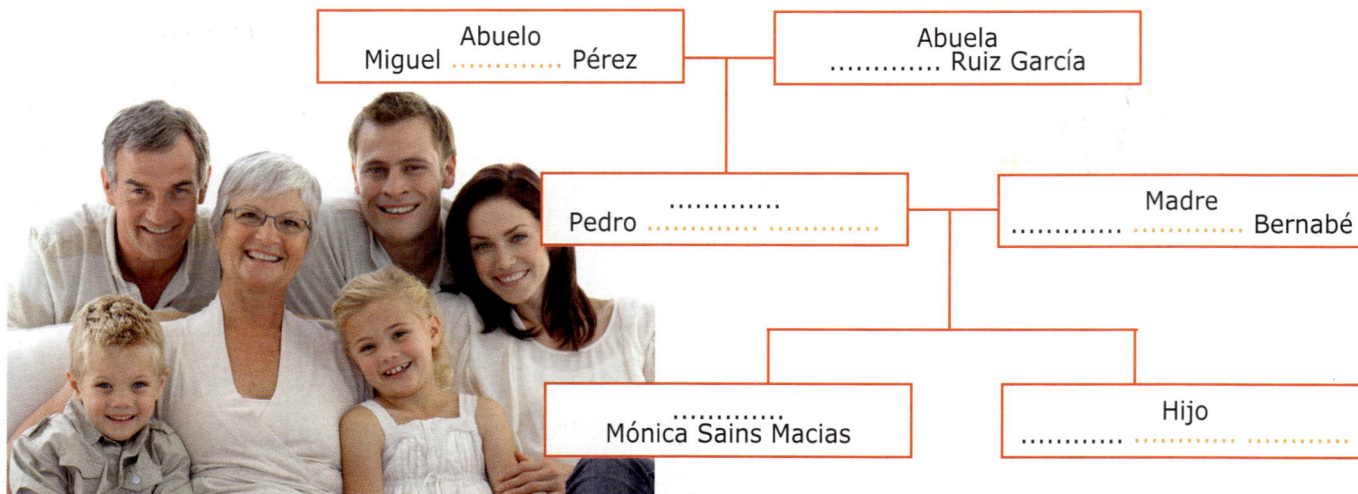

```
        Abuelo                              Abuela
   Miguel ............. Pérez          ............. Ruiz García

                   .............
         Pedro .........................         Madre
                                    ............. ............. Bernabé

              .............                        Hijo
      Mónica Sains Macias            ............. .............
```

2 Conoce las palabras para hablar de la familia

a. ▶ Escucha y completa los datos del árbol. ¿Quién crees que es Carlos?

Pista 28

b. ▶ ¿Qué relación hay entre estas personas? Completa las frases.

padre – hermano – abuelo – madre – abuela

1. Carmen es la *abuela* .... de Mónica.
2. Pedro es el .... de Mónica y Luis.
3. Luis es el .... de Mónica.
4. Marta es la .... de Mónica y Luis.
5. Miguel es el .... de Mónica.
6. Carmen es la .... de Pedro.

3 Aprende a presentar a los miembros de la familia

▸ **Completa este texto.**

El resto de mi familia es muy simpática también. ...Mi... tío Alejandro (el hermano de mi madre) es muy divertido. Es profesor y tiene mucha energía. ...Su... mujer – wife (...mi... tía Alicia) trabaja en un hospital. ...Sus... hijos son muy pequeños: mi primo Marcos tiene 4 años y ...su... hermana Cristina solo tiene 2 años. ...Mis... abuelos están muy contentos porque tienen dos nietos muy guapos y graciosos.

POSESIVOS		
	Singular	Plural
(yo)	mi *my*	mis
(tú vos)	tu *your*	tus
(usted, él, ella)	su *mi/her*	sus
(nosotros, nosotras)	nuestro, nuestra	nuestros, nuestras
(vosotros, vosotras)	vuestro, vuestra	vuestros, vuestras
(ustedes, ellos, ellas)	su *their*	sus

Alejandro (el marido de ....mi... tía Alicia) es el único cuñado de ...mi... padre y Marcos y Cristina son ...sus... únicos sobrinos. ...Mi... padre tiene dos hermanas: ...mis... tías Lucía y Paula. No tienen hijos ahora, pero mi tía Lucía está embarazada y en unos meses ...mis... padres esperan a ...su... nuevo sobrino (¡es un niño!) y mi hermano Luis y yo a ...nuestro nuevo primo. ...Mi... familia no es muy grande, pero poco a poco esperamos a nuevos miembros.

4 Fíjate cómo decir el estado civil

Estar casado/a – Estar divorciado/a – Estar soltero/a – Estar viudo/a – Ser novio/a

a. ▸ **Relaciona cada imagen con el estado civil al que corresponde.**

Rafa y Eva

Bea y José

Adán y Ana

Juana

Fernando

a. ...Fernando está soltero...

b. ....

c. ....

d. ....

e. ....

b. ▸ **Y tú, ¿tienes familia?, ¿estás casado? Infórmate del estado civil de tu compañero.**

Yo estoy casado y tengo dos hijos.

Yo también estoy casado, pero no tengo hijos.

PLURALES	
Abuelo + abuela	abuelos
Hermano + hermana	hermanos
Hijo + hija	hijos
Padre + madre	padres

5 Simula: Presenta tu familia

a. ▸ **Ahora, con tu compañero, tienes diez minutos para intercambiar la mayor cantidad de información de vuestras familias.**

¿Cuántos hermanos tienes?

¿Cómo se llama tu madre? ¿Cuántos primos tienes?

b. ▸ **Escribe lo que sabes de la familia de tu compañero.**

Descubre los adjetivos de carácter

a. ▸ Mira estas fotos y relaciónalas con los adjetivos.

1 **2** **3** **4** **5** **6** **7**

Serio/a

Amable

Triste

Alegre

Nervioso/a

Antipático/a

Tranquilo/a

for location & describing people in their mood / physical condition

b. ▸ Con tu compañero, clasifica los adjetivos y forma frases.

SER + ADJETIVO	ESTAR + ADJETIVO
Indica el carácter de una persona.	Indica un estado físico o de ánimo.
La señora de la tienda es muy antipática.	*La chica de la fiesta está alegre.*

c. ▸ Completa estos diálogos con *ser* o con *estar*.

- ¿Tienes un chicle? chewing gum
- Sí, aquí tienes.
- Gracias. Es que ....estoy.... muy nervioso por el examen.

- ....estás.... muy guapa con ese vestido. – dress.
- No, no... ¡qué va! El vestido ....es.... un poco antiguo.

- ¡Pablo! ¡Silencio, por favor!
- ¡Perdón!
- ¿Qué pasa hoy? Tú ....eres.... muy tranquilo, pero hoy ....estás.... un poco nervioso, ¿no?

- El jefe hoy ....está.... muy preocupado. Seguro que hay un problema.
- ¿Por qué?
- Hombre, la verdad es que normalmente no ....es.... muy simpático, pero hoy ....está.... especialmente antipático.

2 Aprende a expresar tu opinión

a. ▶ Escucha a estas cuatro personas que han dejado un mensaje en el contestador porque buscan habitación en tu piso compartido. Anota las características positivas y negativas de cada uno.

Pista 29

NOMBRE	POSITIVO	NEGATIVO
Pablo		
Ana		
Bea		
Juan		

b. ▶ Con tus compañeros, discute y decide cuál de los cuatro es el mejor candidato para compartir vuestro piso. ¿Por qué?

c. ▶ Explica a tu compañero tu opinión sobre estas personas. ¿Tenéis opiniones similares?

Tu jefe/a   *boss*

Lady Gaga

Tu suegro/a

Tu familia

Tu profesor/-a

Shakira

Ricky Martin

Un/-a compañero/a de clase

El príncipe Felipe

VALORAR

giving opinion

Creo que es... *I think*
Me parece muy... *Accordingto me in my opinion*
Me llevo bien/mal porque es...

Trabajador
Sensible *sensitive*
Cariñoso *affectionate*
Inteligente
Divertido *fun*
Dulce *sweet*
Sociable
Tímido *shy*

3 Informa: Tu ídolo

▶ ¿Ferran Adrià? ¿Cristiano Ronaldo? ¿George Clooney? Todos admiramos a una persona. Presenta a tus compañeros a esa persona que admiras. Habla de quién es, a qué se dedica, de dónde es, cómo es (físicamente y de carácter), de su familia, su edad... ¡todo lo que sepas! Queremos conocerlo.

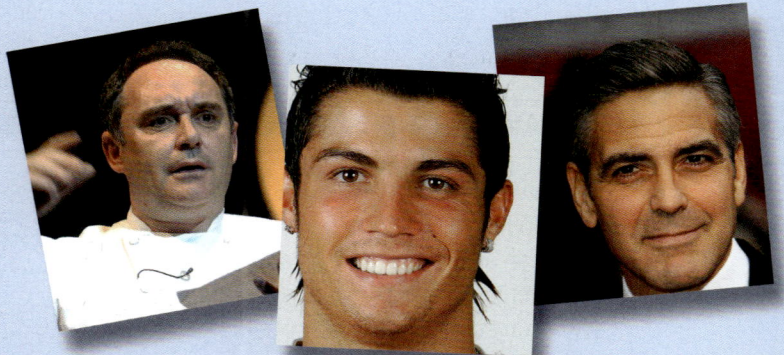

1 Recuerda y practica los posesivos

▸ **Completa con el posesivo correcto.**

1. ¿Cómo se llaman ....*tus*.......... padres? Mi padre se llama Pablo y ....*mi*........ madre, Lucía.
2. ¿Dónde está ....*tu*......... casa? Su casa está ahí, enfrente del supermercado.
3. ¿........*Tu*............... hermano trabaja en Madrid? No, mi hermano vive en Valencia y trabaja allí.
4. ¿Dónde está vuestra escuela? .....*nuestra*... escuela está al final de la avenida.

2 Recuerda y practica los demostrativos

a. ▸ **Completa.**

- ¿Dónde está el álbum de los niños?
- Creo que es est*e*........ .
- No, est*e*...... no es.
- ¿Es *ese*.... de ahí?
- ¡Sí, ese es!
- Ahora necesito la foto de la cena en tu casa. *Sobre = enverpe*
- En est*e*........ sobre hay fotos de la cena.
- Gracias. Pero hay más, ¿no?
- No sé. ¿*estas*. fotos de aquí también son de la cena?
- No, *esas/estas* son de mi casa...
- Est*as*...... fotos son de las vacaciones en la playa.
- Sí, y *aquellas* de allí también.
- Es verdad.

NEUTROS
• Aquello
• Eso
• Esto

b. ▸ **Completa con el demostrativo adecuado para poder hacer frases que se usan en clase.**

- ¿Qué es .....*eso*....?
- Es ....*una naranja*....
- ¿Qué es *aquello*...?
- Es .....*un perchero*....
- ¿Cómo se dice ....*esto*........?
- Se dice .....*un móvil*......
- ¿Cómo se dice ....*eso*.....?
- Se dice ....*perro*..........

3 Recuerda y practica los parentescos

a. ▸ **Resuelve las adivinanzas.**

1. ¿Quién es el hijo de mi hermano?   Es ......*tu sobrino*................
2. ¿Quién es el padre de mi madre?   Es ......*tu abuelo*................
3. ¿Quién es la hija de mis tíos?   Es ......*tu primo*................
4. ¿Quién es el hermano de mi padre?   Es ......*tu tío*................

b. ▸ **Marca la relación correcta entre estas parejas de famosos.**

1. Toni Nadal es el entrenador de Rafa Nadal y también es su tío/sobrino.
2. Julio y Enrique Iglesias son cantantes. Enrique es el nieto/hijo de Julio.
3. Pau y Marc Gasol son primos/hermanos y los dos son jugadores de baloncesto.
4. Mónica es la hermana/cuñada de Penélope Cruz. Son actrices.

Toni y Rafa Nadal

Marc y Pau Gasol

Enrique y Julio Iglesias

Penélope y Mónica Cruz

4 Recuerda y practica los usos de «ser» y «estar»

a. ▸ **Marca la opción completa y marca el significado.**

1. La ventana es/está rota.
2. Mi hermano es/está aburrido. → cama beboth
3. Cristina es/está nerviosa.
4. La tarta es/está de chocolate.

b. ▸ **Completa con *ser* o *estar* en la forma correcta.**

1. Tu padre ....es............... arquitecto.
2. Este bolígrafo ....es.................. rojo.
3. No voy a clase porque ....estoy.......... enfermo.
4. El supermercado ....está............. cerrado. - colour
5. ¿Cómo se dice esto en español? ....es.............. una bicicleta.
6. ¿Qué ....está........... eso? Una sorpresa.
7. Mi hermano ....está............ en Argentina.
8. Nuestro coche ....estes............ roto.

5 Aprende y practica el léxico para describir personas

a. ▸ **Marca en la cadena tres adjetivos de descripción física y tres de carácter.**

UNICASTAÑOPORLANERVIOSADECONMESASERIOSOMALTODEHERMANANTIPÁTICOTEAMADRILGORDANTES

b. ▸ **Relaciona.**

1. alto   a. moreno
2. simpática   b. nerviosas
3. rubio   c. mujer
4. marido   d. bajo
5. tranquilas   e. antipática

6 Practica tu comprensión

Pista 30

▸ **Escucha estos avisos y responde a las preguntas.**

En el metro	¿Qué líneas no funcionan hoy?
En el aeropuerto	¿En qué planta está el acceso al tren?
Por la radio	¿Por qué hay una programación especial?

Acción — Mi intercambio

Una forma muy positiva de practicar la lengua es con un intercambio, una persona que habla español y que aprende tu lengua.

Rellena el formulario, luego, escribe un correo para conocer a tu intercambio ideal.

FORMULARIO DE INTERCAMBIO

¿Cómo eres? Descríbete a ti mismo.

Características del candidato ideal. Descríbelo.

¿Prefieres: hombre/mujer/da igual?

¿Cuáles son tus aficiones y tus intereses?

Indica cuándo tienes tiempo libre o cuándo podéis veros.

Sin título

Tareas pendientes   Categorías   Proyectos   Vínculos

Enviar   Adjuntar   Insertar   Prioridad   Firma

Para: Haga clic aquí para agregar destinatarios
CC:
Asunto:
Datos adjuntos: ninguno

Calibri   11   N K S T

Módulo

6

Prepárate para viajar

En este módulo vamos a...

preparar las maletas para irnos de vacaciones.

Pasos

Paso 1: Prepárate e informa sobre el clima de tu región.

Paso 2: Soluciona tus problemas y consigue hacer lo que quieres en las tiendas y comercios.

Paso 3: Simula y haz sugerencias de cómo ir vestido adecuadamente en cada situación.

Paso 4: Repasa y actúa, decide dónde quieres ir y, según el clima, haz las maletas.

Paso 1
Informa: El clima de tu región

1 Aprende a hablar del tiempo

a. ▸ Escucha y señala en el mapa qué tiempo hace hoy.

Pista 31

Principado de Asturias · Cantabria · País Vasco · Navarra · Galicia · La Rioja · Castilla y León · Aragón · Cataluña · Madrid · Castilla-La Mancha · Comunidad Valenciana · Islas Baleares · Extremadura · Región de Murcia · Andalucía · Canarias · Ceuta · Melilla

Weather/time

EL TIEMPO

Hay nubes	Hay tormenta
Hace sol	Está nublado
Llueve	Hace viento
Graniza	Hay niebla
	Nieva

- Hace bueno, calor
- Hace frío

Pues en Cataluña hoy hace...

b. ▸ Elige una de las autonomías y explica qué tiempo hace allí.

2 Descubre el clima de los países hispanos

a. ▸ Elige un texto, léelo y contesta a las preguntas. Luego, resúmeselo a un compañero.

España

Tiene un clima mediterráneo. Llueve en primavera y en otoño. En el norte, está nublado gran parte del año y llueve bastante, por eso el paisaje es muy verde. En el centro, el clima es mucho más seco y hace frío en invierno y calor en verano. El este es muy templado con un invierno corto y mucho sol. En el mes de agosto, hay bastantes tormentas. En Canarias el clima es tropical y hace bueno todo el año.

1. ¿En qué épocas del año llueve?
2. ¿El tiempo del norte es parecido al tiempo de Canarias? *No -*
3. ¿Qué ocurre durante el mes de agosto en el este?
4. ¿Cómo es el clima del centro?

Bolivia

El clima varía mucho dependiendo de la zona: desde el clima tropical en Los Llanos hasta el clima polar en las altas cordilleras de los Andes. Las temperaturas dependen de la altitud, pero cambian poco según las estaciones. Llueve mucho durante el verano, especialmente en el norte. Un fenómeno característico de Bolivia es el *surazo*, un viento frío que baja muchísimo las temperaturas.

1. ¿Cambian mucho las temperaturas en cada estación?
2. ¿En qué estación llueve más?
3. ¿Qué es el *surazo*?

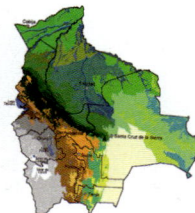

1. Sí pero las temp. dependen de la altitud.
2. norte - verano
3.

Chile

El clima cambia porque el país es muy largo. Generalizando, el norte tiene un clima seco con temperaturas relativamente altas. Al sur, hay un clima más fresco y más húmedo. Llueve más durante los meses del invierno. Además hay un clima tropical lluvioso en isla de Pascua y un clima polar en el territorio chileno antártico.

1. ¿Por qué hay mucha variación en el clima?
2. ¿En qué estación llueve más?
3. ¿Dónde hay clima polar?

b. ▶ Explica las características de estos cuatro tipos de clima. ¿Cómo es el clima donde tú vives?

- Clima mediterráneo
- Clima tropical
- Clima desértico
- Clima continental

LAS ESTACIONES DEL AÑO
- La primavera
- El verano
- El otoño
- El invierno

3 ── **Fíjate en cómo expresar la intensidad**

MUY Y MUCHO		
Muy + característica	adjetivo	*La lluvia es **muy** intensa.*
	adverbio	*La tormenta está **muy** lejos todavía.*
Mucho/a/os/as + personas u objetos	sustantivo	*Hay **muchas** ciudades inundadas por las lluvias.*
Acción + **mucho**	verbo	*Este año está lloviendo **mucho**.*

▶ **Completa con *muy* o *mucho(s)*.**

1. • ¿Está lloviendo ahora?
   • Sí, llueve ......*mucho*...... .
   • Pff, es ......*muy*...... aburrido...

2. • Es un chico ......*muy*...... inteligente.
   • Sí y, además, trabaja ......*mucho*... en clase.

3. • ¿Está ......*muy*...... lejos el aeropuerto?
   • No, no. Está ......*muy*...... cerca y, además, hay ...*muchos*.. autobuses y trenes que van del aeropuerto al centro. Es ......*muy*...... fácil llegar.

4. • Necesito un paraguas nuevo. Este está ......*muy*...... viejo.
   • Yo te voy a regalar un paraguas ......*muy*...... bonito. -*adjective*
   • ¡Qué bien! Lo necesito porque voy a ir a La Coruña y allí llueve ......*mucho*.. .

4 ── **Informa: El clima de tu región**

▶ **Elige uno de los dos correos electrónicos y contesta explicando el clima en tu ciudad.**

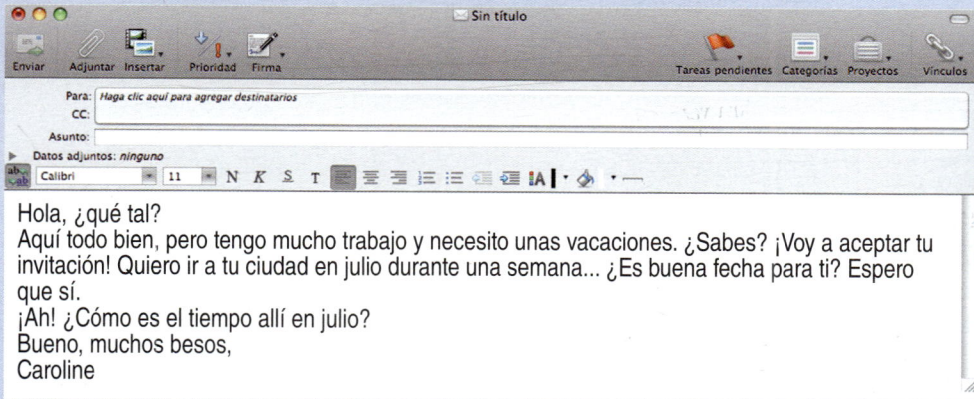

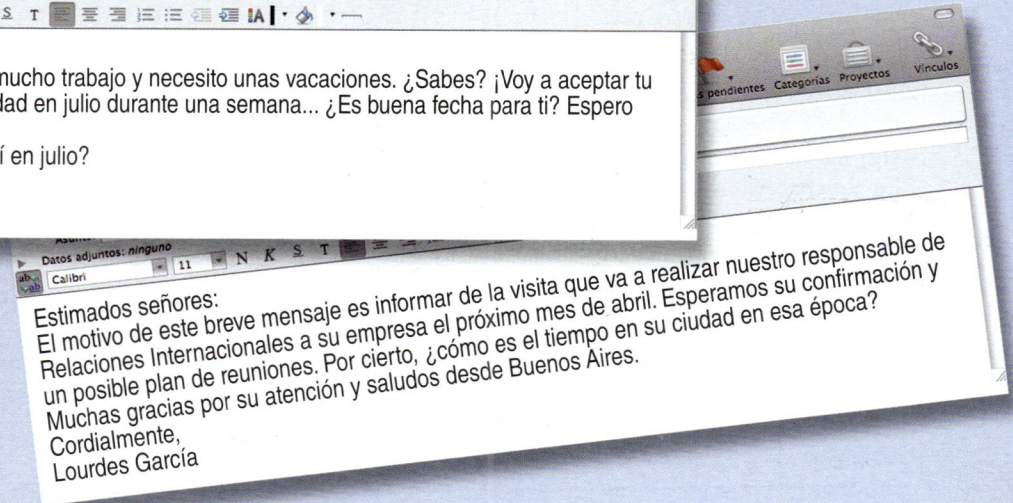

Hola, ¿qué tal?
Aquí todo bien, pero tengo mucho trabajo y necesito unas vacaciones. ¿Sabes? ¡Voy a aceptar tu invitación! Quiero ir a tu ciudad en julio durante una semana... ¿Es buena fecha para ti? Espero que sí.
¡Ah! ¿Cómo es el tiempo allí en julio?
Bueno, muchos besos,
Caroline

Estimados señores:
El motivo de este breve mensaje es informar de la visita que va a realizar nuestro responsable de Relaciones Internacionales a su empresa el próximo mes de abril. Esperamos su confirmación y un posible plan de reuniones. Por cierto, ¿cómo es el tiempo en su ciudad en esa época?
Muchas gracias por su atención y saludos desde Buenos Aires.
Cordialmente,
Lourdes García

Paso 2 Consigue lo que quieres
Soluciona:

1 Aprende las palabras

a. ▸ Observa y escribe los nombres.

a. ...los pantalones...

b. .....zapatos.....

c. ....calcetines....

d. ....abrigo.......

e. ....el paraguas....

j. ....bolso..........

g. ....botas.......

h. ...el jersey...

i. la chaqueta y la camisa

f. ....vestido.......

k. ......falda......

l. ....bufanda.......

m. ....corbata........

In Spain - diff m clrelrs

el abrigo
el bolso
las botas
la bufanda
los calcetines
la chaqueta y la camisa
la corbata
la falda
el jersey
los pantalones
el paraguas
el vestido
los zapatos

b. ▸ Relaciona.

¿Con qué prenda asocias…?
1. La primavera
2. El verano
3. El otoño
4. El invierno

> El paraguas con el invierno, que llueve mucho.

> Uy, no, con la primavera...

2 Manéjate en una tienda

a. ▸ Observa esta conversación. Fíjate en los pronombres y hazla más natural.

- Buenas tardes, ¿tienen chaquetas de señora?
- Hola. Sí, claro. Tenemos las chaquetas de señora ahí, detrás de los bolsos.
- Necesito una chaqueta de señora de color negro.
- Lo siento, ahora solo tenemos chaquetas de señora en azul y en gris.
- Bueno... ¿puedo ver la chaqueta de señora en gris?
- Por supuesto. Aquí tiene la chaqueta de señora en color gris.

PRONOMBRES DE COMPLEMENTO DIRECTO		
	Masculino	Femenino
Singular	lo	la
Plural	los	las

- ¿Tienen esta camisa en otro color?
- Sí, **la** tenemos blanca y rosa.
- ¿**Las** puedo ver?
- Sí, claro, aquí **las** tiene.

b. ▸ Completa los diálogos. Luego, relaciónalos con la situación.

1. • ¿Tienen camisetas para jugar al baloncesto?
   • Sí, ...*las*... tenemos en la sección de deportes.

2. • ¿Conoces la ropa de Mango?
   • Sí, claro, ...*la*... conozco muy bien. En mi país hay muchas tiendas de Mango.

d 3. Esta falda es muy bonita, pero ...*la*... quiero de otro color.

4. • ¿Le quedan bien los zapatos?
   • No, son pequeños. ¿...*los*... tiene en una talla mayor?
   • Lo siento, pero creo que solo ...*los*... tenemos en la 42.

5. • Buenos días, esta chaqueta es muy grande. ¿...*la*... puedo cambiar?
   • Sí. ¿...*la*... quiere de una talla menos?
   • No, ...*la*... necesito de dos tallas más pequeñas.

> a. Hablan de una marca de ropa. b. Una persona necesita una talla más. c. Una persona busca algo.
> d. A una persona no le gusta el color. e. Una persona quiere cambiar algo.

3 ## Soluciona: Consigue lo que quieres

a. ▸ Observa la imagen. ¿Qué problemas crees que tiene?

b. ▸ Relaciona cada diálogo con un elemento de la ilustración.

EN LA CAJA

TUS REGALOS

UNA TALLA MÁS

DEVOLVEMOS EL DINERO

1
• Perdone, me quedan pequeños.
• ¿Necesita otra talla? – *Do you need another size*
• Sí, por favor: una 44.

2
• Me llevo este pañuelo.
• ¿Es para regalo?
• Sí, por favor.

3
• Me lo llevo.
• Muy bien, pase por caja.
• ¿Se puede pagar con tarjeta?
• Sí, sí, en metálico o con tarjeta.

4
• Hola. ¿Necesita ayuda?
• Quería cambiar este vestido.
• ¿Por qué?
• Es que a mi novia le queda muy ancho.
• ¿Quiere otra talla?
• No, prefiero el dinero.
• ¿Tiene el tique?
• Sí, aquí está.

c. ▸ Pon el título a cada sección del diálogo.

d. ▸ Simula con tu compañero. Eres un cliente y quieres comprar algo.

A1 en 30 horas

1 ▸ **Conoce los nombres de algunos objetos como regalos**

Pista 32

a. ▸ Observa y escucha los diálogos. Señala qué va a comprar e indica a quién se lo va a regalar. ¿Cuánto se gasta en total?

20,15 €

93 €

30 €

165 €

98 €

83 €

33,35 €

45 €

175 €

38,95 €

34,25 €

69,90 €

45 €

Para los padres:
- Para papá...
- Para mamá...

Para los hermanos:
- Para Rafa...
- Para Alberto...

Para los suegros: → in-laws
- Para mi suegro...
- Para mi suegra...

Anillo de plata	34,25 €		Guantes de piel	30 €
Bolso de mujer	98 €		Pañuelo de seda	165 €
Cinturón de cuero	45 €		Pendientes de oro	175 €
Collar de perlas	93 €		Pulsera de plata	69,90 €
Corbata de seda	38,95 €		Reloj juvenil	45 €
Gafas de sol	83 €		Bufanda de lana	33,35 €
Gorro de lana	20,15 €			

b. ▸ Y tú, ¿haces regalos? ¿Cuándo? Decide con tu compañero a quién de la clase regalas los objetos del escaparate. Di el motivo.

> Las gafas de sol para John, que le gusta mucho ir a la playa.

> No, mejor para Claudia, que tiene los ojos claros.

Atención

En el mundo hispano, tradicionalmente el 6 de enero se celebran los Reyes Magos y se hacen los regalos navideños.

A1 en 30 horas

2 Sabe estar en cada situación social

a. ▶ Habla de tus hábitos y de cómo vas vestido en estas situaciones.

- A una fiesta entre amigos.
- En la cena de Nochebuena con tu familia.
- A una celebración social (boda…).

- A trabajar.
- Al médico.

PARA DESCRIBIR

Ropa cómoda
Ropa elegante
Ropa formal
Ropa deportiva
Zapatos altos
Zapatos bajos
Calzado cómodo

> Pues yo, para trabajar, me pongo ropa cómoda.

> ¿Sí? Yo no, yo voy muy formal. Es que trabajo en un banco.

b. ▶ Lee y relaciona los textos con las imágenes.

COLORES

blanco	
amarillo	
naranja	
rosa	
rojo	
azul	
violeta	
verde	
marrón	
gris	
negro	

a
b
c
d

a 1. Elegante camisa de algodón verde. Para ir bien vestido en situaciones informales.
d 2. Vestido de lino azul para mujeres sin complejos.
c 3. Oferta. Pantalones de algodón en todos los colores y tallas. Últimos días.
b 4. ¡Ya estamos preparando la llegada del invierno! ¿Y tú? Bufanda de lana. Disponible de rayas.

c. ▶ Describe una prenda sin decir el nombre. Escucha a tu compañero e identifica qué describe.

1
2
3
4
5
6
7
8

3 Simula: Haz sugerencias

▶ Elige una situación y recomienda el vestuario que debe llevar un amigo en ese caso.

Para ir a una entrevista de trabajo	Para ir a la primera cita con una persona	Para ir a la inauguración *opening* del bar de copas de un amigo
• ¿Qué me pongo para la entrevista? • Pues debes llevar...	• ¿Qué me pongo para salir con Carlos? • Uhmmm... ¿por qué no te pones...?/ ¿Y si te pones...?	• No sé cómo vestirme para la inauguración. • Puedes ponerte...

Paso **4** Haz las maletas
Repasa y actúa:

① Recuerda y practica los nombres de las estaciones

a. ▸ **Completa con el nombre de la estación.**

1. En ....Otoño.... los árboles se quedan sin hojas y es típico comer castañas.
2. En ....verano.... solemos ir a la playa y nos encanta tomar un helado para refrescarnos.
3. A mi hermana le gusta mucho hacer muñecos de nieve en ....invierno....
4. Después del ....invierno.... comienza la ....primavera.... y llega el buen tiempo. Los árboles florecen y comienza a hacer más calor.

b. ▸ **¿Qué tiempo hace en cada una de estas imágenes? Formula frases e indica la temperatura.**

1

2

3

4

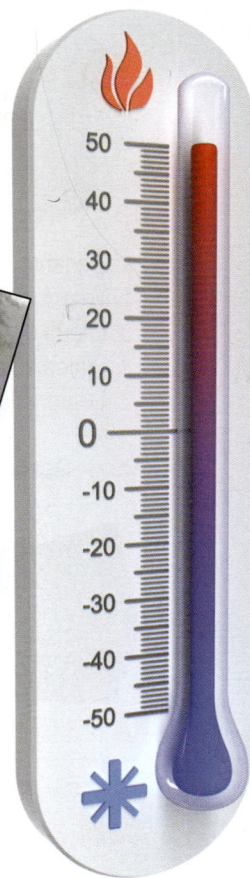

c. ▸ **Completa las frases. Luego, relaciona.**

1. .... buen día, pero .... un poco nublado.
2. Toma un paraguas, hoy .... mucho aquí y .... mucho frío.
3. Ahora mismo ...., está todo blanco, y .... viento.
4. .... muchísimo calor y .... mucho sol.

> a. Si para de nevar, vamos a hacer un muñeco de nieve.
> b. Ah, qué bien. ¿Y si vamos a la playa?
> c. Mejor me quedo en casa. Podemos tomarnos un chocolate caliente.
> d. Sí, parece que va a llover esta tarde.

d. ▸ **¿Quién habla? Escucha a estas personas y numera las fotos.**

Pista 33

a 3

b 2

c 1

2 · Recuerda, amplía y practica la ropa

▸ Opina cómo le queda la ropa a estas personas.

→ to meet up / how clothing looks on someone

VERBO *QUEDAR*		+ VALORACIÓN
(yo)	me	
(tú, vos)	te	corto - largo
(usted, él, ella)	le	estrecho - ancho —
(nosotros, nosotras)	nos	queda(n)	bien - mal *never change*
(vosotros, vosotras)	os	grande - pequeño —
(ustedes, ellos, ellas)	les	

tight - loose
big - tight
some they are adverb

La falda te queda muy grande.
. Los zapatos te quedan grandes

1

2

. el gorro te queda muy estrecho
. los pantalones te quedan grande y estrechos

3

4

. las pantalones te quedan muy cortos
. la camiseta te queda ancha.

3 · Recuerda y practica la diferencia entre «muy» y «mucho»

▸ Marca la opción correcta.

1. Necesitamos practicar mucho/muy para mejorar nuestro español.
2. Este restaurante es mucho/muy caro. No voy a volver nunca.
3. Creo que beben mucho/muy café.
4. No me gusta esta comida, es mucho/muy picante.
5. No podemos ir porque llueve mucho/muy.

4 · Recuerda y practica los pronombres de objeto

▸ Contesta a las preguntas como en el ejemplo.

- ¿Conoces a Esperanza?
- Tus gafas están en el coche, ¿..*las*.. necesitas?
- ¿Dónde está mi libro?
- ¿Tienes unas tijeras? *scissors*

- Sí, ..*la*.......... conozco.
- No, ahora no, pero ....*las*.. recojo luego.
- Perdón, ...*lo*... tengo yo.
- Sí, creo que ....*las*... tengo en el cajón.

5 · Recuerda expresiones para manejarte en una tienda

a. ▸ Encuentra el intruso. *cash*

1. con tarjeta - en metálico - caja - con cheque
2. azul - rojo - cuadros - gris
3. cinturón - corbata - bolso - botas
4. sandalias - zapatos - botas - collar

b. ▸ Escucha y asocia cada título a cada diálogo.

Pista 34

☐ Formas de pago ☐ En otro color ☐ Probadores ☐ Una talla más ☐ Lo devuelvo

Lee estas tres ofertas de una agencia de viajes, elige una y prepara las maletas. Sigue estos pasos.

1. Lee los textos.
2. Elige una opción. *Pull clothes*
3. Fíjate en el tiempo.
4. Prepara la lista de la ropa que vas a llevar.

OFERTAS

ALIANZA TOUR

CHILE GLACIAR

Visita el glaciar más grande de América del Sur, el glaciar Pío XI. Rutas *part* por mar y por aire opcionales para disfrutar de unas inolvidables vistas. *enjoy* *unforgetable*
Temperatura media: 0 °C.
Nieve frecuente.

CAMINO DE SANTIAGO

Naturaleza, arte y tradición en la ruta más famosa del mundo. Recorre el norte de España a pie, en bicicleta o a caballo y termina la experiencia con *horse* un fin de semana en Santiago disfrutando de su historia y su gastronomía.
Temperatura media: 12 °C.
Lluvia constante.

PUNTA CANA

5 ESTRELLAS
Disfruta de 7 días de descanso en las maravillosas playas dominicanas de *rest* Punta Cana con alojamiento en hotel de 5 estrellas con todo incluido.
Temperatura media: 32 °C.
Sol y humedad.

Punta Cana =32°c
- Bañador
- Vestido.
- Sandalias
- Camiseta
- Pantalones corto
- falda gafas doso/

1

Gramática y comunicación

• LOS VERBOS

	LLAMARSE	SER	TRABAJAR	TENER	LEER	VIVIR
(yo)	me llamo	soy	trabajo	tengo	leo	vivo
(tú)	te llamas	eres	trabajas	tienes	lees	vives
(vos)	te llamás	sos	trabajás	tenés	leés	vivés
(usted, él, ella)	se llama	es	trabaja	tiene	lee	vive
(nosotros, nosotras)	nos llamamos	somos	trabajamos	tenemos	leemos	vivimos
(vosotros, vosotras)	os llamáis	sois	trabajáis	tenéis	leéis	vivís
(ustedes, ellos, ellas)	se llaman	son	trabajan	tienen	leen	viven

• FORMAL O INFORMAL

Usamos *tú/vosotros* en relaciones o situaciones informales (con amigos, familiares, personas de la misma edad, etc.).

-Hola, Paco, ¿cómo estás?

-Muy bien, ¿y tú?

Usamos *usted/ustedes* en relaciones o situaciones formales (con personas mayores, superiores en jerarquía, etc.).

-Buenos días, señor García, ¿cómo está usted?

-Muy bien, gracias, ¿y usted?

ATENCIÓN: *tú/vosotros* + verbo en 2.ª persona, pero *usted/ustedes* + verbo en 3.ª persona.

• PREGUNTAS Y RESPUESTAS

Qué	¿Qué tal?	Bien, gracias.
Dónde	¿Dónde vives?	Vivo en Alcalá de Henares.
De dónde	¿De dónde eres?	Soy español, de Málaga.
Cómo	¿Cómo te llamas?	Me llamo Cristina.
Cuánto	¿Cuántos años tienes?	Tengo ... años.

• EL ARTÍCULO

	DETERMINADO		INDETERMINADO	
	Masculino	Femenino	Masculino	Femenino
Singular	el	la	un	una
Plural	los	las	unos	unas

• EL SUSTANTIVO

MASCULINO	FEMENINO
-o (bolígrafo)	**-a** (casa)
-or (profesor)	**-ora** (profesora)
-e (estudiante)	**-e** (estudiante)
-ista (taxista)	**-ista** (taxista)
-ema (problema)	**-ción** (información)

Palabras terminadas en **vocal + s**
Palabras terminadas en **consonante + es**

• EL ADJETIVO

	MASCULINO	FEMENINO
Singular	**-o** (italiano)	**-a** (italiana)
	-e (grande)	**-e** (grande)
	-consonante (español)	**-a** (española)
Plural	**-os** (italianos)	**-as** (italianas)
	-es (grandes)	**-es** (grandes)
	-es (españoles)	**-as** (españolas)

Léxico

• Los idiomas

alemán (el)
árabe (el)
chino (el)
francés (el)
inglés (el)
italiano (el)
japonés (el)
ruso (el)
sueco (el)

• Las nacionalidades

alemán/-a	italiano/a
argentino/a	japonés/-a
australiano/a	marroquí
brasileño/a	mexicano/a
canadiense	noruego/a
chino/a	polaco/a
croata	portugués/-a
estadounidense	ruso/a
finés/-a	serbio/a
francés/-a	sueco/a
irlandés/-a	suizo/a

• Las profesiones

abogado/a (el/la)	cartero/a (el/la)	médico/a (el/la)
actor/-riz (el/la)	cocinero/a (el/la)	peluquero/a (el/la)
ama de casa (el)	enfermero/a (el/la)	periodista (el/la)
azafato/a (el/la)	escritor/-a (el/la)	policía (el/la)
bombero/a (el/la)	estudiante (el/la)	profesor/-a (el/la)
cajero/a (el/la)	futbolista (el/la)	recepcionista (el/la)
camarero/a (el/la)	ingeniero/a (el/la)	taxista (el/la)
cantante (el/la)	mecánico/a (el/la)	tenista (el/la)

• Los números

0 cero	10 diez	20 veinte		
1 uno	11 once	21 veintiuno	30 treinta	31 treinta y uno
2 dos	12 doce	22 veintidós	40 cuarenta	32 treinta y dos
3 tres	13 trece	23 veintitrés	50 cincuenta	33 treinta y tres
4 cuatro	14 catorce	24 veinticuatro	60 sesenta	
5 cinco	15 quince	25 veinticinco	70 setenta	41 cuarenta y uno
6 seis	16 dieciséis	26 veintiséis	80 ochenta	42 cuarenta y dos
7 siete	17 diecisiete	27 veintisiete	90 noventa	46 cuarenta y seis
8 ocho	18 dieciocho	28 veintiocho	100 cien	
9 nueve	19 diecinueve	29 veintinueve	1000 mil	

• Los lugares de trabajo

banco (el)	fábrica (la)	redacción (la)
bar (el)	hospital (el)	restaurante (el)
bufete (el)	hotel (el)	supermercado (el)
casa (la)	oficina (la)	taller (el)
escuela (la)	peluquería (la)	tienda (la)

• Los días de la semana

el lunes	el viernes
el martes	el sábado
el miércoles	el domingo
el jueves	

• Los meses del año

enero	mayo	septiembre
febrero	junio	octubre
marzo	julio	noviembre
abril	agosto	diciembre

Gramática y comunicación

• LOS VERBOS *ESTAR* E *IR*

	ESTAR	IR
(yo)	estoy	voy
(tú, vos)	estás	vas
(usted, él, ella)	está	va
(nosotros, nosotras)	estamos	vamos
(vosotros, vosotras)	estáis	vais
(ustedes, ellos, ellas)	están	van

• *HAY/ESTAR*

Para hablar de la existencia y para localizar en el espacio podemos usar *hay* y *estar*.

Hay es una forma impersonal invariable y se usa con *un/una/unos/unas* y un sustantivo, o con un sustantivo plural, o con un número + sustantivo o con *mucho/a/os/as* + sustantivo. *Hay tres libros en el sofá.*

Estar es una forma personal variable y se usa con *el/la/los/las* y un sustantivo o con un nombre propio. *Pablo está en el jardín.*

• LOCALIZACIÓN ESPACIAL

Delante (de)	Dentro (de)
Detrás (de)	Fuera (de)
Al lado (de)	Entre
A la izquierda (de)	Enfrente (de)
A la derecha (de)	Cerca (de)
Encima (de)	Lejos (de)
Sobre	

• *SER/ESTAR/TENER*

Usamos **ser** para identificar.
Usamos **estar** para localizar, para hablar de circunstancias y de estados y para hablar de la existencia.
Usamos **tener** para hacer referencia a la posesión y a la pertenencia.

• PREPOSICIONES *A/EN/CON*

Usamos la preposición **a** para hablar de:
• Dirección ⟶ *¿El autobús va al centro?*
• Destino ⟶ *El avión va a Barcelona.*

Usamos la preposición **en** para hablar de:
• Medios de transporte ⟶ *¿Vamos en taxi?*
• Localización ⟶ *Las cartas están en la mesa.*

Usamos la preposición **con** para hablar de:
• Compañía ⟶ *Voy al cine con Juan.*
• Instrumento ⟶ *Escribo con el lápiz.*

Y con la expresión a pie.
Voy a la escuela a pie.

• GRADOS DEL ADJETIVO

Comparativo: *más*
Superlativo: *muy*

Léxico

• Las partes de la casa
cocina (la)
cuarto de baño (el)
dormitorio (el)
garaje (el)
habitación (la)
jardín (el)
piscina (la)
salón (el)

• Los tipos de alojamiento
apartamento (el)
casa (la)
estudio (el)
hotel (el)

• Las características de la casa
bien comunicada
céntrica
grande
luminosa
segura
tranquila

• Las cosas de la casa
almohada (la)
armario (el)
cama (la)
cuadro (el)
cubiertos (los)
escritorio (el)
espejo (el)
estantería (la)
frigorífico (el)
horno (el)
lámpara (la)
lavabo (el)
lavadora (la)
manta (la)
mesa (la)
mesilla de noche (la)
microondas (el)
platos (los)
sábana (la)
silla (la)
sofá (el)
televisión (la)
toalla (la)
vasos (los)

• La ciudad
aparcamiento (el)
avenida (la)
ayuntamiento (el)
banco (el)
bar (el)
cafetería (la)
calle (la)
carretera (la)
colegio (el)
estación de metro (la)
farmacia (la)
fuente (la)
hospital (el)
iglesia (la)
mercado (el)
monumento (el)
museo (el)
papelera (la)
parada de autobús (la)
parada de taxis (la)
parque (el)
peluquería (la)
plaza (la)
puente (el)
quiosco (el)
restaurante (el)
semáforo (el)
señal de tráfico (la)
supermercado (el)

• Los medios de transporte
autobús (el)
avión (el)
barco (el)
bicicleta (la)
coche (el)
metro (el)
moto (la)
taxi (el)
tren (el)

• VERBOS IRREGULARES

	JUGAR	SALIR	DAR	VER
(yo)	juego	salgo	doy	veo
(tú)	juegas	sales	das	ves
(vos)	jugás	salís	das	ves
(usted, él, ella)	juega	sale	da	ve
(nosotros, nosotras)	jugamos	salimos	damos	vemos
(vosotros, vosotras)	jugáis	salís	dais	veis
(ustedes, ellos, ellas)	juegan	salen	dan	ven

	Verbos E>IE		Verbos O>UE	
	EMPEZAR	CERRAR	DORMIR	VOLVER
(yo)	empiezo	cierro	duermo	vuelvo
(tú)	empiezas	cierras	duermes	vuelves
(vos)	empezás	cerrás	dormés	volvés
(usted, él, ella)	empieza	cierra	duerme	vuelve
(nosotros, nosotras)	empezamos	cerramos	dormimos	volvemos
(vosotros, vosotras)	empezáis	cerráis	dormís	volvéis
(ustedes, ellos, ellas)	empiezan	cierran	duermen	vuelven
	Se forman así también: *entender, pensar...*		Se forman así también: *poder, acostarse, contar, recordar...*	

• VERBOS REFLEXIVOS

	LAVARSE
(yo)	me lavo
(tú)	te lavas
(vos)	te lavás
(usted, él, ella)	se lava
(nosotros, nosotras)	nos lavamos
(vosotros, vosotras)	os laváis
(ustedes, ellos, ellas)	se lavan

• EL VERBO *HACER*

	HACER
(yo)	hago
(tú)	haces
(vos)	hacés
(usted, él, ella)	hace
(nosotros, nosotras)	hacemos
(vosotros, vosotras)	hacéis
(ustedes, ellos, ellas)	hacen

Otros verbos reflexivos son: *peinarse, levantarse, ducharse,* etc.

• Las preposiciones

De/desde ——→ indican el comienzo de un periodo de tiempo.
A/hasta ——→ indican el final de un periodo de tiempo.

• La hora

1:00 ——→ **Es** la una.
13:30 ——→ **Es** la una **y media**.
10:15 ——→ **Son** las diez **y cuarto**.
21:00 ——→ **Son** las nueve.
22:45 ——→ **Son** las diez **menos cuarto**.

Léxico

• La hora

en punto
y diez
y cuarto
y veinte
y media
menos veinte
menos cuarto
menos diez

• Las acciones habituales

afeitarse	ir al gimnasio
bañarse	lavarse
beber	leer
cenar	levantarse
comer	pasear
desayunar	peinarse
descansar	practicar deporte
ducharse	trabajar
estudiar	ver la televisión
hacer deporte	ver una película
hacer la cama	

• Las expresiones de frecuencia

Nunca
Casi nunca
A veces
Muchas veces
A menudo
Casi siempre
Siempre
Todos los días/meses/años
Todas las mañanas/tardes/noches/semanas
Una vez por semana/mes/año
Dos/tres... veces por semana/mes/año

• Los objetos de higiene personal

maquinilla de afeitar (la)	jabón (el)
gel (el)	champú (el)
desodorante (el)	esponja (la)
cepillo de dientes (el)	pasta de dientes (la)
peine (el)	espuma o crema de afeitar (la)
maquillaje (el)	perfume (el)

• EL VERBO *GUSTAR*

GUSTAR			
(yo)	a mí	me		la paella
(tú, vos)	a ti/vos	te	gusta	el pescado
(usted, él, ella)	a usted/él/ella	le		
(nosotros, nosotras)	a nosotros/as	nos	+	las tapas
(vosotros, vosotras)	a vosotros/as	os	gustan	los boquerones
(ustedes, ellos, ellas)	a ustedes/ellos/as	les		

GUSTO	RESPUESTA
Me gusta el pescado.	A mí también. A mí no.
No me gusta el pescado.	A mí sí. A mí tampoco.

• LOS ADVERBIOS DE CANTIDAD O INTENSIDAD

+++ mucho
++ bastante
+ un poco
- no mucho
-- nada

• EL VERBO *PREFERIR*

PREFERIR	
(yo)	prefiero
(tú)	prefieres
(vos)	preferís
(usted, él, ella)	prefiere
(nosotros, nosotras)	preferimos
(vosotros, vosotras)	preferís
(ustedes, ellos, ellas)	prefieren

• EL VERBO *ELEGIR*

ELEGIR	
(yo)	elijo
(tú)	eliges
(vos)	elegís
(usted, él, ella)	elige
(nosotros, nosotras)	elegimos
(vosotros, vosotras)	elegís
(ustedes, ellos, ellas)	eligen

• EN EL RESTAURANTE

Al entrar en un restaurante	Buenos días/noches, tengo una mesa reservada a nombre de… Buenos días/noches, ¿tiene una mesa libre para uno/dos…? Buenos días/noches. Mesa para uno/dos…, por favor.
Pedir la comida	La carta, por favor. ¿Qué hay de menú hoy? Para mí, de primero/segundo/postre… Para beber…
Pagar	La cuenta, por favor. ¿Me trae la cuenta, por favor?

Léxico

• Las comidas

bocadillo (el)
crema (la)
ensalada (la)
gazpacho (el)
paella (la)
tapas (las)
tortilla de patata (la)

• Las bebidas

agua (el) *
café (el)
leche (la)
té (el)
zumo (el)

*Es una palabra femenina.

• Los pescados

almeja (la)
anchoa (la)
atún (el)
boquerón (el)
calamar (el)
gamba (la)
merluza (la)
pulpo (el)
salmón (el)
sardina (la)

• Las carnes

cerdo (el)
hamburguesa (la)
jamón (el)
pollo (el)
ternera (la)

• Las frutas

cereza (la)
fresa (la)
limón (el)
manzana (la)
naranja (la)
plátano (el)

• Las verduras

alcachofa (la)
alubia (la)
calabacín (el)
cebolla (la)
espárrago (el)
lechuga (la)
patata (la)
pimiento (el)
tomate (el)

• Los lácteos

helado (el)
mantequilla (la)
queso (el)
yogur (el)

• Otros alimentos

aceite (el)
aceituna (la)
ajo (el)
arroz (el)
azafrán (el)

galleta (la)
huevo (el)
mermelada (la)
orégano (el)
pan (el)

pasta (la)
perejil (el)
pimienta (la)
sal (la)
vinagre (el)

• Los envases y las formas

barra (la)
bolsa (la)
bote (el)
botella (la)
cartón (el)
docena (la)
lata (la)
paquete (el)
tableta (la)
tarrina (la)

Gramática y comunicación

• LOS POSESIVOS

	Singular		Plural	
	Masculino	Femenino	Masculino	Femenino
(yo)	mi		mis	
(tú, vos)	tu		tus	
(usted, él, ella)	su		sus	
(nosotros, nosotras)	nuestro	nuestra	nuestros	nuestras
(vosotros, vosotras)	vuestro	vuestra	vuestros	vuestras
(ustedes, ellos, ellas)	su		sus	

• LOS DEMOSTRATIVOS

	AQUÍ		AHÍ		ALLÍ	
	Masculino	Femenino	Masculino	Femenino	Masculino	Femenino
singular	este	esta	ese	esa	aquel	aquella
plural	estos	estas	esos	esas	aquellos	aquellas

• *SER* Y *ESTAR*

Usamos el verbo *ser* para identificar a personas, objetos, lugares... Con el verbo *ser* hacemos referencia a características propias tales como el nombre, la nacionalidad, la profesión, el color, el tamaño, la forma, el material, etc. *Juan Carlos I es el rey de España.*

Usamos el verbo *estar* para hablar del estado circunstancial de personas, objetos, lugares... *Mi primo está resfriado porque la calefacción de su casa está rota.*

• *SER, TENER, LLEVAR*

Ser + adjetivos de descripción física	alto/a, bajo/a, guapo/a, feo/a, delgado/a, gordo/a, rubio/a, pelirrojo/a, moreno/a...
Tener + el pelo + adjetivos de descripción + los ojos + color	corto, largo, liso, rizado... azules, verdes, marrones, negros...
Llevar + ropa, complementos o elementos	barba, bigote, gafas, un jersey...

• LOS PLURALES

Abuelo + abuela	Los abuelos
Padre + madre	Los padres
Hijo + hija	Los hijos
Hermano + hermana	Los hermanos
Tío + tía	Los tíos
Primo + prima	Los primos

Léxico

• La familia

abuelo (el)	abuela (la)
cuñado (el)	cuñada (la)
hermano (el)	hermana (la)
hijo (el)	hija (la)
marido (el)	mujer (la)
nieto (el)	nieta (la)
padre (el)	madre (la)
sobrino (el)	sobrina (la)
tío (el)	tía (la)

• La descripción física

alto/a   bajo/a
guapo/a   feo/a
delgado/a   gordo/a
pelo largo/corto
pelo liso/rizado   moreno/a   rubio/a   pelirrojo/a   castaño/a
calvo/a
gafas (las)   bigote (el)   barba (la)
ojos negros/azules/marrones/verdes

• El carácter

abierto/a	cerrado/a
alegre	triste
amable	serio/a
cariñoso/a	distante
divertido/a	aburrido/a
dulce	grosero/a
estresado/a	relajado/a
extravertido/a	tímido, introvertido/a
independiente	dependiente
inteligente	estúpido/a
ordenado/a	desordenado/a
sensible	insensible, frío/a
simpático/a	antipático/a
sociable	reservado/a
trabajador/-a	vago/a
tranquilo/a	nervioso/a

• Los estados civiles

soltero/a   casado/a   novio/a
divorciado/a   viudo/a   separado/a

Gramática y comunicación

• LOS VERBOS PARA HABLAR DEL TIEMPO

Llover	Llueve
Haber	Hay (tormenta, niebla...)
Nevar	Nieva
Hacer	Hace (frío, calor, sol...)
Granizar	Graniza
Estar	Está (nublado, cubierto...)

• *MUY Y MUCHO*

MUY Y MUCHO	
Muy + característica	adjetivo adverbio
Mucho/a/os/as + personas u objetos	sustantivo
Acción + *mucho*	verbo

• LOS PRONOMBRES

PRONOMBRES DE COMPLEMENTO DIRECTO		
	Masculino	Femenino
singular	lo	la
plural	los	las

• EL VERBO *QUEDAR*

		QUEDAR	+ VALORACIÓN
(yo)	me		
(tú, vos)	te		grande - pequeño
(usted, él, ella)	le	queda(n)	corto - largo
(nosotros, nostras)	nos		estrecho - ancho
(vosotros, vosotras)	os		bien - mal
(ustedes, ellos, ellas)	les		

Léxico

• El tiempo
(estar) cubierto
(estar) nublado
(haber) niebla
(hacer) aire
(hacer) calor
(hacer) frío
(hacer) viento
granizo/granizar
lluvia/llover
nieve/nevar

• La temperatura
Estamos a *x* grados
Estamos a *x* grados bajo cero.

• Las estaciones
invierno (el)
otoño (el)
primavera (la)
verano (el)

• La ropa y el calzado
abrigo (el)	cazadora (la)	pantalones cortos (los)
bañador (el)	chaleco (el)	(pantalones) vaqueros (los)
biquini (el)	chaqueta (la)	ropa interior (la)
blusa (la)	falda (la)	sandalias (las)
botas (las)	gabardina (la)	traje (el)
calcetines (los)	jersey (el)	vestido (el)
camisa (la)	medias (las)	zapatillas de deporte (las)
camiseta (la)	pantalones (los)	zapatos (los)

• Los colores
amarillo (el)	marrón (el)	rosa (el)
azul (el)	naranja (el)	verde (el)
blanco (el)	negro (el)	violeta (el)
gris (el)	rojo (el)	

• Los complementos
anillo (el)	gorro (el)
bolso (el)	guantes (los)
bufanda (la)	pañuelo (el)
cinturón (el)	paraguas (el)
collar (el)	pendientes (los)
corbata (la)	pulsera (la)
gafas de sol (las)	reloj (el)
gorra (la)	sombrero (el)

• Formas de pago
a plazos
con cheque
con tarjeta
en efectivo/en metálico

Cuaderno
de ejercicios

1 Aprende a presentarte

Escucha estas conversaciones y completa la información.

Pista 35

	En la oficina	En la clase	En la calle
¿Cómo se llama?	Carlos Martín	Djobe	Marta
¿De dónde es?	Argentina	Sueco	Colombia
¿Dónde vive?	Madrid	Estoculmo	Barcelona

2 Practica los verbos

Completa las frases con la forma adecuada de los verbos del cuadro y relaciona.

to need

estudiar	necesitar	vivir	ser	trabajar	llamarse

1. ¿De dónde ....sois........... (vosotros)? ✓
2. ¿Dónde ....vives.............. (tú)? ✓
3. ¿.....trabajan..... (ellos) en el restaurante? ✓
4. ¿Cómo ....llama........... (usted)? ✓
5. ¿....Necesitáis... (vosotros) un bolígrafo? ✓
6. ¿...estudias....... (tú) en la universidad? ✓

a. Sí, ...necesitan...... (ellos) de camareros.
b. Sí, ...soy........... (yo) Medicina.
c. Sí, por favor. ......necesito..... (yo) un bolígrafo rojo.
d. ...Soy/Me llamo... (yo) José Luis.
e. ...vivimos............ (nosotros) italianos, de Roma.
f. ......vivo................ (yo) en Barcelona, cerca de las Ramblas.

3 Repasa las nacionalidades

Escribe la nacionalidad debajo de cada imagen.

La pasta es ...italiana

Villa y Torres son ...españoles

El tango es un baile ...argentino

Las matriuskas son unas muñecas típicas ...rusas.

Li trabaja en este restaurante ....chino.

El Louvre es un museo ...francés

Ikea es una empresa ...sueco... de muebles.

Berlín y Múnich son dos ciudades ...alemanes muy interesantes.

4 Un paso más

Relaciona cada país con su nacionalidad y las lenguas que se hablan.

PAÍSES	NACIONALIDADES	LENGUAS
(1) Brasil	(2) colombiano/a	(2) el español
(2) Colombia	(3) noruego/a	(6) el polaco
(3) Noruega	(5) austríaco/a	(1) el portugués
(4) Australia	(7) belga	(7) el francés
(5) Austria	(1) brasileño/a	(4) el inglés
(6) Polonia	(4) australiano/a	(5) el alemán
(7) Bélgica	(8) estadounidense	(3) el noruego
(8) Estados Unidos	(6) polaco/a	(8) el flamenco

5 Preséntate

Elige la respuesta adecuada para cada diálogo dependiendo de la situación.

En clase
- Hola, soy Antonio, el profesor. ¿Y tú?
- .2

En un hotel
- Buenas noches. ¿Tiene reserva?
- Sí, claro.
- ¿Su nombre, por favor?
- .3

En la oficina
- Buenos días.
- Buenos días. Usted es el nuevo gerente, ¿verdad?
- .1

En una reunión de trabajo
- Buenas tardes.
- Hola, buenas tardes.
- 4

1 Soy Isabel Bermejo, de Viajes Activa. Aquí tiene mi tarjeta.

2 Yo me llamo Christoph. Soy un estudiante nuevo.

3 Sí, efectivamente. Me llamo Sergio Ruiz.

4 Gonzalo Rodríguez.

6 Recuerda las profesiones

Escucha e identifica las personas de la imagen que hablan. Luego, escribe su profesión.

Pista 36

a. 5   b. 1   c. 4   d. ☐   e. 3   f. 7   g. 2   h. ☐   i. ☐   j. ☐

Enfermera   ama de casa   cocinero   profesora

7 Practica los sustantivos y los adjetivos

Completa el texto con la forma correcta de las palabras.

> ESPAÑA: UN PAÍS, CUATRO LENGUAS
>
> En España viven 47 millones de personas. Los español...... hablan español en todas las comuni-
> dad...... autónom......, pero, además, en Cataluña hablan catalán, en Galicia hablan gallego
> y en el País Vasco hablan vasco. El catalán y el gallego son lenguas latin......, pero el vasco no.
> España es un país con una lengua oficial y tres lenguas cooficial..... en esas tres comunidades.
>
> Amancio Ortega, el presidente de Zara, es galleg...... y habla español y galleg......; el cociner......
> Ferran Adrià y el futbolista Xavi son catalan...... y hablan español y catalán; el director de
> cine Julio Medem es vasc...... y habla español y vasc......

8 Fíjate en los artículos

Completa con el/la/los/las, un/una/unos/unas o nada (-).

1. Tengo ......una...... casa en Madrid y ......una... otra en Málaga.   no articde before otra.
2. ......La...... capital de Argentina es Buenos Aires.
3. Luis habla ......-...... español, ...el... inglés y ......el...... alemán.
4. ¿Tienes ......el... último disco de Alejandro Sanz? No, no tengo ......el... último, pero tengo todos ......los...... anteriores.
5. Carmen, ...la...... amiga de Carlos, trabaja en ......una...... escuela de idiomas.
6. ......La...... Francia es un país muy turístico, ¿verdad? Sí, pero España y México son ......los...... otros países muy interesantes también.

9 Recuerda el género de las palabras

Elige la forma adecuada.

1. Gabriel García Márquez es un **escritor/escritoro** y **periodisto/periodista** colombiano.
2. Velázquez, Goya, Picasso y Dalí son los **artistos/artistas** españoles más famosos.
3. Ferran Adrià es un **cocinero/cocinera** catalán con mucho prestigio internacional.
4. Enrique Iglesias es un **cantanto/cantante** español, igual que su padre Julio Iglesias.

10 Un paso más

Elige la opción adecuada a la situación. ¿Son posibles las dos opciones en alguna situación? Pregunta a tu profesor.

a. ¿Cómo te llamas? ¿Cómo se llama?

b. ¿Tiene reserva? ¿Tienes reserva?

c. ¿Tenéis preguntas? ¿Tienen preguntas?

d. Y tú, ¿de dónde eres? Y usted, ¿de dónde es?

e. Buenas tardes, ¿necesitas ayuda? Buenas tardes, ¿necesita ayuda?

f. Buenos días, ¿cómo está? Buenos días, ¿cómo estás?

11 Practica los números

Escucha y escribe los códigos telefónicos necesarios para llamar a estos países.

Pista 37

1. Cuba ....503.....................
2. Honduras ....504...............
3. Costa Rica ...50.6..............
4. Uruguay ....598................

5. República Dominicana ....1809.........
6. Panamá ....507.....................
7. Venezuela ....508..................
8. Paraguay ....595...................

12 Aprende a hablar de la edad y a dar datos personales

Completa estos diálogos con el verbo *tener* o con *ser*.

- Buenas tardes.
- Hola, buenas tardes. ¿Para inscribirme en el curso de fotografía?
- Sí. ¿Cómo se llama usted?
- Mario.
- ¿Y su apellido?
- ....Dolman........
- ¿Cuántos años ....tiene............... usted?

- Hola, ...soy..... Amalia.
- Hola, yo me llamo Irene. ¿...Eres...... nueva en la clase?
- Sí, ...soy..... nueva. ¿Y tú?
- ¡No, no! Yo trabajo aquí, ...soy........ la profesora...
- ¿De verdad? ¿Cuántos años ....tienes....?
- Pues ....tengo 35 años.
- ¿De verdad? Pareces más joven.
- ¡Gracias! ¿Y tú?
- Yo ...tengo..... 42 años.

13 Recuerda las formas para decir fechas

Escribe con letras la fecha en la que tienen lugar estas fiestas.

LAS FALLAS — 19/03

El 19 de Marzo

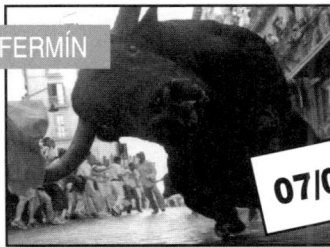

SAN FERMÍN — 07/07

El 7 de Julio

VIRGEN DE LA PALOMA — 15/08

El 15 de Agosto

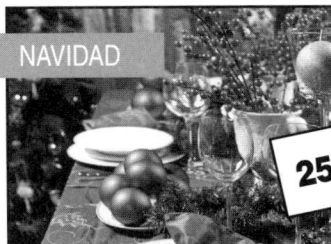

NAVIDAD — 25/12

El 25 de Diciembre

NOCHEVIEJA — 31/12

El 31 de Diciembre

DÍA DEL LIBRO — 23/04

De 24 de Abril

(14) ***Aprende los verbos***

Completa con los verbos en la forma correcta.

1. • ¿Cómo .... (llamarse, tú)?

• Miguel. Y tú, ¿ .... (ser) el profesor de esta clase?

• Sí, ... (llamarse, yo) Antonio. ¿Qué tal?

2. • ¿........................... (Estudiar, tú) o .... (trabajar, tú)?

• Pues las dos cosas: .... (estudiar, yo) por la mañana en la universidad y .... (trabajar, yo) por la tarde con mi padre. .... (Tener, nosotros) una agencia de viajes.

3. • Usted .... (ser) periodista, ¿no?

• Sí, sí. Además, ... (escribir, yo) libros.

• ¡Ah! ¿Sí? Mi mujer y yo también .... (escribir) historias para niños. Bueno, ... (ser, nosotros) profesores en una escuela y allí .... (leer, nosotros) cuentos a los niños.

4. Mi marido .... (cocinar) muy bien. Por eso, normalmente .... (comer, yo) en casa, pero hoy no .... (tener, yo) tiempo.

(15) ***Fíjate en la diferencia entre* tener y ser**

Relaciona y forma frases. Luego, escribe frases sobre ti.

• 25 años.	_Tengo 25 años_
SER • Antonio.	_Me llamo Antonio_
• chileno.	_Soy de Chile_
TENER • ingeniero.	_Soy ingeniero_
• una tienda.	_Trabajo en una tienda_

(16) ***Un paso más***

Lee la explicación y observa los ejemplos. Después, completa las frases con *y/e/o/u.*

> **¡OBSERVA!**
> *Cristina y Ana // Cristina y Miguel // Cristina e Inés.*
> (Si la siguiente palabra comienza por *i/hi*   -->   *y>e*)
> *En febrero o abril // En agosto o septiembre // En agosto u octubre*
> (Si la siguiente palabra comienza por *o/ho* --> *o>u*)

1. España ....e.... Italia son países con mucho arte y mucha historia.

2. Yo soy camarero, trabajo en una cafetería. ¿Y tú? ¿Estudias ....o.... trabajas?

3. El español es la lengua oficial de España ....e.... Hispanoamérica.

4. Viven en Centroamérica, pero... no sé si en Guatemala .... Honduras.

5. ¿Café ....o.... té? Café, por favor.

6. ¿Cuántos años tiene el niño? Creo que siete ....u.... ocho...

7. María habla francés ....e.... inglés.

8. ¿Eres belga ....u.... holandés?

9. Ana ....y.... Elena son profesoras.

10. Olga ....y.... Óscar son muy simpáticos.

1 Practica los verbos ser, estar y tener

Completa la información. Luego, escucha y comprueba.

Pista 38

Andrea: ¡Sí, voy a Sevilla!
Sara: ¡Qué bien! ¿Cuándo?
Andrea: Pues en julio, una semana.
Sara: ¿......Tienes.... alojamiento? → accomodation tener
Andrea: No, no ....tengo.......... hotel.
Sara: ¡Pues en mi casa!
Andrea: No, pero... ¿tu casa ....es......... grande? ser
Sara: Sí, sí... ....tiene......... dos plantas. tener
Andrea: Pero tu familia...

Sara: No pasa nada... la casa ......está..... [estar] en el centro y ......tiene...... [tener] dos plantas. La casa ......tiene.... [tener] cinco habitaciones.
Andrea: ¿De verdad?
Sara: Sí, sí, de verdad. Además, ...está........ [estar / tener] cerca del metro y de los monumentos principales.
Andrea: ¿Y tú .....tienes....... [tener] vacaciones en julio?
Sara: Sí, tengo vacaciones, claro.

Andrea: ¡Qué divertido!
Sara: Y .....tiene/tengo.... [tener] piscina.
Andrea: ¿Sí? ¿Dónde?
Sara: La piscina .....está......... [estar] en el jardín de detrás de la casa.
Andrea: ¡Va a ser perfecto!
Sara: Y tu habitación ....está......... [estar] en la planta de arriba. ....tiene.... [tener] una cama, una mesa, un armario...
Andrea: Increíble.
Sara: Vas a estar igual que en tu casa :)

2 Aprende a redactar un anuncio

Lee este anuncio y escribe un anuncio similar ofreciendo tu casa para estudiantes extranjeros que quieren estudiar en tu ciudad.

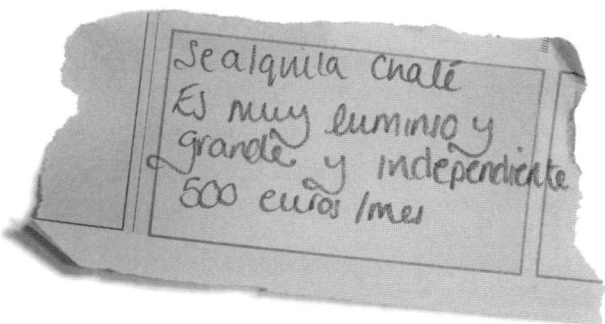

COMPARTO APARTAMENTO
Shared a
cerca de la playa. Cocina completa, salón grande y luminoso y habitación individual de estudiante. Solo chicas. 400 euros/mes.
Marta: 657483930

Se alquila chalé
Es muy luminio y
grande y independiente
500 euros /mes

3 Refuerza las diferencias entre muy y más

Elige la opción correcta.

1. Este hotel es **más/muy** cómodo, pero también **más/muy** caro. Vamos a otro **más/muy** barato, ¿no?
2. El salón es **más/muy** bonito y grande, pero el dormitorio es **más/muy** pequeño. Necesitamos un piso con el dormitorio **más/muy** grande.
3. Comparto piso **más/muy** céntrico y **más/muy** bien comunicado, porque tiene una parada de metro **más/muy** cerca. Tiene dos habitaciones: una pequeña para mí y la otra **más/muy** grande, de 10 m².
4. En este anuncio hay un chalé **más/muy** bonito y **más/muy** moderno que este otro, pero también está **más/muy** lejos del centro que el otro. Además, no tiene piscina y eso es **más/muy** cómodo.

4 Fíjate en los usos de hay, está(n) y es

Completa las descripciones de estas tres ciudades y adivina qué ciudad es cada una.

| Valencia | Montevideo | Ciudad de Panamá →city |

Ciudad de Panamá

La ciudad ...*está*... en el océano Pacífico y es muy famosa porque en este país ....*hay*... un canal que conecta el océano Pacífico con el océano Atlántico. En el centro de la ciudad ....*está*... el Museo del Canal Interoceánico, que es muy interesante. ....*Hay*.... una parte antigua con monumentos históricos y también ....*hay*.... muchos parques naturales y zoológicos donde ...*están*... las plantas tropicales y los animales exóticos más increíbles.

Montevideo

Es la capital de Uruguay. Uruguay ....*está*...... al norte de Argentina. Entre Argentina y Uruguay ...*está*...... el Río de la Plata. En la ciudad ...*hay*...... casi dos millones de habitantes. ......*hay*.... un puerto comercial muy importante en Latinoamérica y también ....*está*... más de 20 kilómetros de playas. Es una ciudad muy cultural, donde ...*está*... el Teatro Solís, uno de los más importantes de Sudamérica.

Valencia

...*Es*........ una ciudad muy bonita. ...*está*...... en el este de España y ...*es*......... la capital de la Comunidad Valenciana. ......*Es*...... muy antigua y ....*es*....... un lugar muy turístico. La comida típica ...*es*......... la paella. Aquí ....*está*.... la Ciudad de las Artes y las Ciencias, un conjunto de edificios muy modernos. El clima ...*es*......... muy suave.

5 Afianza la diferencia entre ser y estar

Elige la opción adecuada en cada caso. Luego, indica a qué Granada corresponde cada frase.

Granada (es)/está una ciudad y también un país. Dos lugares con el mismo nombre, pero son/(están) a 9 000 kilómetros de distancia.

Granada (es)/está una ciudad española que es/(está) en Andalucía, en el sur de España. (Es)/Está una ciudad muy famosa porque allí es/(está) la Alhambra, el gran palacio árabe, que (es)/está el monumento más visitado de España. También es/(está) en Granada la primera iglesia renacentista de España, la catedral, y los preciosos barrios del Albaicín y el Sacromonte. (Es)/Está una ciudad histórica y universitaria.

Granada (es)/está un país y (es)/está una isla que es/(está) en el mar Caribe. (Es)/Está uno de los países más pequeños del mundo. (Es)/Está una isla muy turística (gracias a sus playas y al clima del Caribe), pero también (es)/está famosa por sus plantas aromáticas para cocinar.

	La ciudad española	La isla del Caribe
1. Es un lugar histórico con muchos estudiantes universitarios.	✓	
2. Es un lugar famoso por sus playas y su clima.		✓
3. Es popular por la exportación de productos para la cocina.		✓
4. El monumento más importante es un palacio árabe.	✓	

6 Aprende a describir ciudades

Escucha a estas personas que hablan de sus ciudades preferidas e identifica de cuál habla en cada caso. *1/sur - carnaval*

Pista 39

Buenos Aires (Argentina) [6]

Sucre (Bolivia) [4]

Bilbao (España) [3]

Cádiz (España) [1]

La Habana (Cuba) [5]

Cuzco (Perú) [2]

7 Un paso más

Los nombres de las ciudades del mundo son diferentes en cada idioma. ¿Sabes cómo se escriben en español? Escribe junto a cada ciudad cómo se escribe en tu lengua y relaciona cada ciudad con el continente donde está.

Milán	....	Nueva York	....
París	....	El Cairo	....
La Habana	....	Cracovia	....
Johannesburgo	....	Tokio	....
Melbourne	....	Estocolmo	....
Seúl	....	Praga	....
Moscú	....	Pekín	....
Londres	....	Túnez	....

a. Asia   b. África   c. América   d. Europa   e. Oceanía

8 Di tus ciudades favoritas

Completa esta encuesta y después busca coincidencias con tus compañeros.

Una ciudad romántica: *Paris*
Una ciudad histórica: *Barcelona*
Una ciudad bonita: *London/Londres*
Una ciudad moderna: *New York*
Una ciudad artística: *Paris*
Una ciudad barata: *Liverpool*
Una ciudad interesante y poco conocida: *little known* *Newcastle*
Una ciudad peligrosa: *Liverpool*
+ dangerous

9 Aprende a dar una dirección

Dibuja el camino que le indica el señor. Luego, indica cómo puede llegar la chica a la biblioteca.

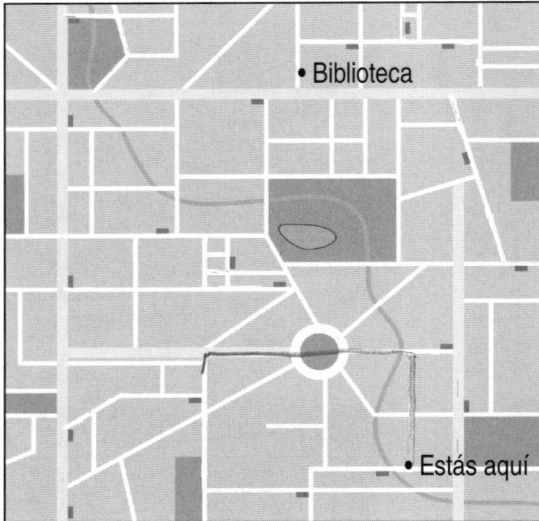

• Biblioteca

• Estás aquí

Perdone, ¿hay una panadería por aquí?

Sí, mira. Sigue recto y gira a la izquierda al final de la calle. Después cruza una plaza pequeña y gira la primera calle a la izquierda. Allí está. Es una panadería muy buena.

10 Trabaja las preposiciones

Completa este diálogo con las preposiciones adecuadas: *a, en, con*.

- ¿Tienes planes para el fin de semana?
- Sí. Voy ....a.... Extremadura. ¿Y tú?
- Yo voy ..con... mis compañeros de clase ....a..... Valencia.
- Es una ciudad muy bonita.
- Sí... y además vamos ...en... tren.
- ¿Vais ....en... AVE?
- Sí, sí... ..en... el tren rápido. Solo es una hora y diez minutos.
- ¡Qué bien! Nosotros vamos ..en.... coche, es mejor para visitar los pueblos.
- Claro.
- ¿....con. quién vas tú?
- Voy ...con.. Mónica ....a.... Cáceres y después desde Cáceres vamos .....a.. Badajoz y Mérida ..con... otros amigos de ella.

11 Forma frases con los medios de transporte

Completa las frases con *y* o con *pero*. Luego, escribe el medio de transporte que corresponde a cada descripción. Después, completa las preguntas.

el avión   el autobús   el coche   el metro   el tren

Es muy seguro, ..pero.. muy caro. .... el tren

Es muy rápido ......y..... puntual, ..pero.. no ves la ciudad. .... el metro

Las vistas son muy bonitas, ..pero.. no es tan rápido. .... el avión

Es muy cómodo, ..pero... contamina mucho. .... el coche

Es barato, ..pero.. es muy incómodo ...con... dependes del tráfico. .... el autobús

- Y tú, ¿qué trayecto haces normalmente con cada medio de transporte?

De mi casa a la clase de español voy en .....el coche................ .

Para una excursión por los pueblos que están cerca de mi casa voy en ....

En las vacaciones de verano voy a l....avión................. en ....

Voy a casa de mi mejor amigo en .....el autobús............. .

12 **Recuerda cómo escribir direcciones postales**

Escucha y completa los datos que faltan en estas tarjetas de visita con las abreviaturas del cuadro.

Pista 40

BANCOSUR

Magdalena García Robledo
Directora comercial

.... Juan Carlos I, ... 32
11007 Cádiz

ESCUELA DOBLE Ñ

Juan Gómez García
Subdirector
...... Árbol, 18, 4.º ....
37006 Salamanca

HERNANDO E HIJOS
Macarena Hernando Eguigurren
Abogada

...Blq. Picos de Europa, 2
.... Pinosol. 12-
30005 Murcia ....

PELUQUERÍA BUENO

Sergio Bueno Vélez
Peluquero

.... Mar de Plata, ...
29770 Torrox (Málaga)

dcha.	Avda.	Urb.	C/	s/n	n.º	P.º	Blq.	izq.	Pza.	3.º

13 **Un paso más**

Lee la explicación del cuadro y haz las contracciones cuando sea necesario.

> **LAS CONTRACCIONES: *AL* Y *DEL***
> Cuando tenemos la preposición *a* y después el artículo *el*, se unen para formar *al*.
> *Voy a el aeropuerto = Voy al aeropuerto.*
> Cuando tenemos la preposición *de* y después el artículo *el*, se unen para formar *del*.
> *Mi profesor es de el pueblo de mi novia = Mi profesor es del pueblo de mi novia.*
> EXCEPTO cuando el artículo es parte de un nombre propio.
> *El señor López es el director de* **El Semanal**, *un periódico chileno.*

1. Voy a el cine con mis compañeros de el curso de español.
Voy al cine con mis compañeros del curso de español

2. En junio vamos a El Salvador y a Nicaragua.
En junio vamos a El Salvador y a Nicaragua

3. Mi vecina va a el mercado para comprar fruta fresca.
Mi vecina va al mercado para comprar fruta fresca.

4. Ahora vamos de el aeropuerto a la estación de tren.
Ahora vamos del aeropuerto a la estación de tren

5. ¿De dónde es Iker? Es de el norte de España.
¿De dónde es Iker? Es del norte de España

6. ¿Vais a el centro? No, vamos a El Corte Inglés.
¿Vais al centro? No, vamos a El Corte Inglés

7. El curso es de el lunes 12 a el viernes 23.
El curso del lunes 12 al viernes 23

8. El autobús va de La Habana a Santiago.
El autobús va de La Habana a Santiago

9. El tren que va a El Escorial sale a las 9:15.
El tren que va a El Escorial sale a las 9.15

10. Necesito una hora para ir de mi casa a El Mirador, el restaurante donde trabajo.
Necesito una hora para ir de mi casa a El Mirador, el restaurante donde trabajo

1 Recuerda las horas

Observa estas fotografías y di qué hora es. ¿Sabes dónde están estos relojes?

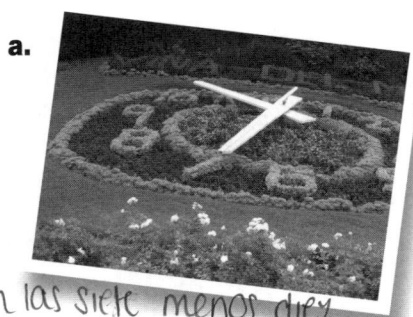

a.
Son las siete menos diez

b.
Son las cuatro y siete

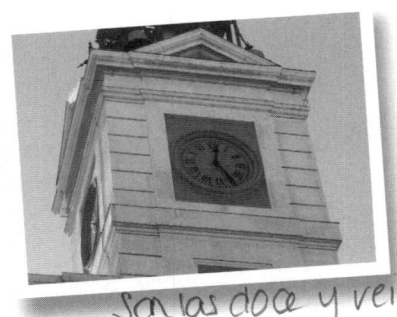

c.
Son las doce y veinte

d.
Son las once y media

e.
Son las cinco menos veinte y cinco.

> Moscú (Rusia)   Londres (Reino Unido)   Viña del Mar (Chile)
> Madrid (España)   Salamanca (España)

2 Repasa las actividades cotidianas

Escucha y escribe las actividades y las horas en este horario semanal. Luego, responde a las preguntas.

Pista 41

	Lunes	Martes	Miércoles	Jueves	Viernes
Mañana	9am Class			9	
Tarde	Study in				
Noche	6 Football	6. Swim			

¿A qué hora...
- ... es tu clase de español?
- ... cenas?
- ... sales del trabajo?
- ... abren los bancos en tu país?
- ... ves la televisión normalmente?

....
....
....
....
....

3 ***Fija las expresiones para quedar***

Elige la opción adecuada en cada situación para aceptar o rechazar los planes. Luego, construye el diálogo siguiendo las pautas.

1. ¿Vamos al cine el domingo por la tarde?
    a) ¡Vale! ¿A qué hora?
    b) No.

2. ¿Cenamos juntos mañana?
    a) Nos vemos allí.
    b) Perfecto, quedamos a las 21:00.

3. ¿Puede darme una cita para el miércoles por la tarde?
    a) Muy bien, gracias.
    b) Lo tengo ocupado. ¿Puede usted el jueves?

4. ¿Quedamos para hacer el trabajo esta tarde?
    a) Sí, me viene muy bien.
    b) Sí, es verdad, es muy tarde. ¿Quedamos mañana?

> a. Pregunta a tu amigo si puede ir contigo a la piscina.
> b. Acepta la propuesta y di una hora.
> c. Esa hora no es buena para ti. Sugiere otra hora.
> d. Di que estás de acuerdo.

4 ***Memoriza los verbos irregulares***

Completa este texto con la forma adecuada de los verbos del cuadro.

> hacer (2)   jugar   salir   volver   ver   empezar

Los lunes son difíciles. Trabajo todo el día: .... a trabajar a las 8:30 y termino a las 14:00. Como en casa y .... a la oficina a las 17:00. Los lunes .... del trabajo a las 20:00. Después, quedo con mis amigos y .... deporte juntos: .... al baloncesto o al fútbol o vamos al gimnasio.

Por la noche, llego a casa a las 22:00, ... la cena y descanso. Normalmente, ... la televisión o navego por Internet antes de dormir.

5 ***Recuerda los verbos reflexivos***

Completa las frases con el pronombre adecuado.

a. Mi mujer y yo .... levantamos a las 7:00 porque trabajamos juntos en el banco.
b. ¿Cuándo .... ducháis, por la mañana o por la noche?
c. .... afeito todos los días antes de ir a trabajar.
d. Miguel llega muy cansado al colegio por las mañanas. Seguramente .... acuesta muy tarde por las noches.
e. Las modelos .... maquillan y .... visten muy rápido durante los desfiles. ¡Es increíble!
f. Señor Gómez, para preparar el desayuno necesito saber a qué hora .... despierta usted.

Repasa las expresiones de frecuencia

Coloca estos marcadores de frecuencia en el esquema. Luego, escribe una frase con cada expresión indicando con qué frecuencia haces distintas actividades.

casi siempre	a veces	nunca	todos los días	muchas veces	casi nunca

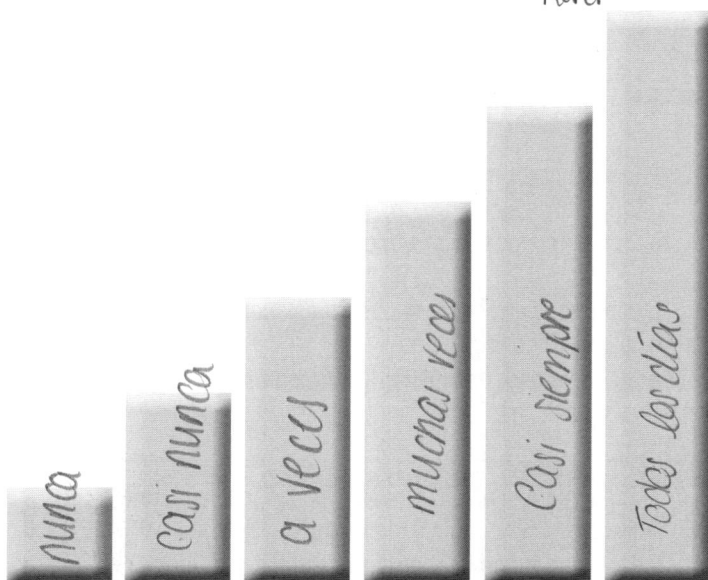

(anotaciones manuscritas: mostly, sometimes, all day, often, rarely, never)

(esquema de barras manuscrito, de menor a mayor frecuencia)
- nunca
- casi nunca
- a veces
- muchas veces
- casi siempre
- Todos los días

(texto manuscrito)
- Nunca juego al tenis.
- Casi nunca ir al cine.
- A veces hago el jardín.
- Muchas veces voy de compras.
- Casi siempre salo con los amigos.
- Todas las días navego por internet.

Practica la expresión escrita

Fíjate en las horas y clasifica las frases en uno de los dos horarios. Luego, redacta un texto con los horarios españoles.

	Un horario español	En tu país
Mañana		
Tarde		
Noche		

09:30 Abrir los supermercados

14:30 Cerrar los bancos

19:00 Cenar

Las tiendas no cierran a la hora de comer (horario continuo)

20:00 Cerrar los supermercados

16:00 Cerrar los bancos

21:30 Cerrar los supermercados

14:00 Almorzar

Cierran las tiendas a la hora de comer (descanso)

12:00 Almorzar

21:30 Cenar

21:00 Cerrar los supermercados

8 *Repasa las actividades cotidianas*

Escucha y contesta a las preguntas.

🔊 Pista 42

1. ¿Cómo deciden siempre la forma de quedar los amigos?

....

2. ¿Cuántas veces mira el correo electrónico Manuel?

....

3. ¿Cuántas cenas de antiguos alumnos hay cada mes?

....

4. ¿Qué hacen después de las cenas?

....

5. ¿Cada cuánto actualiza su *blog* Fernando?

....

9 *Da consejos para el tiempo libre*

Recomienda a cada una de estas personas un plan para el sábado y explica por qué eliges cada opción.

(handwritten notes) outgoing — I like living on the edge.

ÁNGEL

Soy una persona muy extrovertida y me gusta vivir al límite. Me encanta estar con otras personas y pasar todo el tiempo fuera de casa.

(handwritten notes) I love being with people — I spend as much time away from home.

.......Excursionismo con amigos.......

(handwritten notes) to chat — quiet — what I like most is — while — about

SARA

Soy muy tranquila. Lo que más me gusta es charlar con un buen amigo sobre literatura mientras bebemos un café.

Permanecer en una casa de campo tranquila

MARÍA

Soy una mujer muy soñadora. Suelo ser feliz, pero ahora estoy un poco triste. Quiero un cambio en mi vida.

MIGUEL

Soy una persona abierta y nerviosa. Me encanta vivir cada momento del día.

....
....
....
....

....
....
....
....

10 ***Fíjate bien en las formas de los verbos irregulares***

Relaciona las formas con los pronombres y haz frases. Luego, indica el infinitivo.

	acuesto	....
Yo	cierran	....
Tú	decís	....
Él o ella	duerme	....
Nosotros o nosotras	salgo	....
Vosotros o vosotras	vamos	....
Ellos o ellas	vienes	....
	vuelve	....

11 ***Un paso más***

Lee la explicación y elige la opción correcta en cada caso. Hay una frase en la que las dos opciones son correctas, ¿cuál es?

COLOCACIÓN DEL PRONOMBRE REFLEXIVO

Los pronombres reflexivos (*me, te, se, nos, os* y *se*) se colocan antes del verbo:
Me ducho por las mañanas.

Cuando hay un infinitivo, también puede ir antes o después de la estructura verbal:
Me quiero afeitar ahora = Quiero afeitarme ahora.

No hay ninguna diferencia de significado entre una forma y otra.

---

1. Mi hermana **está maquillándose/está se maquillando** para ir a la fiesta de graduación.
2. **Me necesito peinarme/Necesito peinarme** antes de salir.
3. En mi familia normalmente **nos duchamos/duchamos nos** por las mañanas.
4. **Tienes que lavarte/Te tienes que lavar** las manos antes de empezar a cocinar.
5. Ahora no puedo hablar por teléfono porque **se estoy afeitando/me estoy afeitando**.
6. ¡Qué frío! **Tengo que ponerse/Me tengo que poner** un abrigo.
7. Como cada noche, **estoy cepillándome/estoy me cepillando** los dientes durante tres minutos.
8. Mi madre **me estás arreglando/se está arreglando** para ir al trabajo.

1 Recuerda los nombres de los alimentos

Observa las imágenes y escribe el nombre de los alimentos. Pon el artículo correspondiente.

a. ....

b. el salmón

c. el pan

d. la leche

e. peras

f. la lechuga

g. la naranja

h. el huevo

i. camarón

j. la cebolla

k. ....

l. maíz

m. el tomate

n. el yogur

ñ. coliflor

o. el quess

p. ....

q. atún

r. la manzana

s. la carne

t. ....

u. el agua

v. zanahorias

hue/ue mar   item agua fría

2 Habla de tus hábitos en la comida

Escribe tres alimentos que comes con estas frecuencias.

Todos los días: 1. el plátano 2. .... 3. ....

Tres veces por semana: 1. la lechuga 2. .... 3. ....

Una vez a la semana: 1. la pasta 2. .... 3. ....

Los fines de semana: 1. el yogur 2. .... 3. ....

Ocasionalmente: 1. el salmón 2. .... 3. ....

3 Conoce la gastronomía latinoamericana

Lee el siguiente texto y responde las preguntas.

> América Latina es un continente rico en cultura, en literatura, en arte y, claro, en gastronomía. Todos conocemos el guacamole o los tacos mexicanos, el ceviche peruano -que es un plato de pescado-, las empanadas chilenas, con carne, maíz, huevo y aceitunas y los famosos asados argentinos, en los que se cocinan muchas variedades de carne de vaca.
>
> Pero en la cocina de todo el mundo usamos productos que son originalmente latinoamericanos. Por ejemplo, la patata, posiblemente el ingrediente más usado en la cocina europea, es del continente americano. Y también el aguacate, el tomate, el pimiento y el maíz, que muchas veces usamos en las ensaladas, o frutas como la piña, el maracuyá, la papaya o el plátano.

a. Escribe un título para el texto.

b. ¿Qué es el ceviche? ¿De dónde es original? Mexico, fish plate

c. ¿Qué ingredientes llevan las empanadas chilenas? maiz, heuvo aceitunas los famosa

d. ¿Cuáles de los ingredientes de esta ensalada son de origen americano?: Lechuga, tomate, cebolla, maíz, aguacate, manzana y aceite de oliva.

4 Repasa el verbo gustar

Elige la opción adecuada en cada caso. Luego, cambia el verbo para hacer la frase correcta con la otra opción.

a. A mi hermano le gusta **las pizzas con cuatro quesos/el café sin azúcar.**

b. ¿Te gustan **las ensaladas/la paella**?

c. Me gusta mucho **cocinar con aceite de oliva/las hamburguesas.**

d. Nos gustan **la fruta variada/los boquerones fritos.**

e. ¿Le gustan a tu hijo **las verduras/el arroz**?

f. Yo como muchos yogures y mucho queso, porque me gusta **los lácteos/la leche.**

5 Perfecciona los usos de los pronombres

Completa con el pronombre adecuado.

a. • José, ¿...Te... gusta la sopa? Está buena, ¿verdad?

   • Sí, sí... Me... gusta mucho.

b. • A mi padre y a mí ...Nos.. gusta mucho la comida asiática.

   • A mí ...Me. gusta mucho la comida japonesa, pero la china no .... gusta.

c. A mis compañeros de piso ...Me. gustan mucho los platos españoles.

d. • ¿......Tu. gusta cocinar?

   • A mí sí ...Me. gusta, pero a Raquel no.

e. A mi padre ......le.... gusta experimentar con nuevos ingredientes.

f. ¿A mamá y a ti ...Nos... gusta este plato?

6 Un paso más

Observa en el gráfico las diferentes formas de especificar nuestros gustos y expresa tus gustos sobre los siguientes alimentos.

- - -	-	+	+ +	+ + +
No me gusta nada	No me gusta	Me gusta	Me gusta mucho/muchísimo	Me encanta

Me gustan muchísimo las tapas

a. Las tapas
d. La fruta
g. El café

b. El pescado frito *fried fish*
e. La comida rápida *fast food*
h. La carne *Me gusta la carne*

c. La verdura *veg* *No me gusta el pescado frito*
f. Los helados *Me gustan los helados*
i. La pasta *Me encanta la pasta*

7 Practica cómo manejarte en un restaurante

Elige la respuesta adecuada en cada situación.

1. Un café solo, por favor. *black coffee*
   (**a.**) ¿Con leche?
   (**b.**) ¿Con azúcar?

2. Una botella de agua, por favor.
   (**a.**) ¿Con gas?
   b. Una botella.

3. ¿Qué lleva esta sopa?
   a. Tiene muy pocas calorías.
   (**b.**) Patatas, verduras, pollo y especias.

4. Perdone, ¿puedo ver la carta?
   (**a.**) Sí, claro. Un momento.
   b. No, gracias.

5. Tengo una mesa reservada.
   a. Junto a la ventana.
   (**b.**) ¿A qué nombre?

6. ¿Qué va a tomar?
   (**a.**) Un café.
   b. La cuenta.

8 Repasa la situación y fíjate bien en las expresiones

Completa este diálogo entre un camarero y un cliente en un restaurante.

- Buenas noches.
- Hola, buenas noches.
- ¿Qué quiere de beber?
- ....Agua........, por favor.
- ¿Con gas?
- No, ...sin.............. gas, por favor.
- ¿Y de comer?
- De primero, sopa de ....día............ .
- De acuerdo.
- Una pregunta, ¿la sopa lleva ....? Es que soy alérgica al marisco.
- No, señora, no lleva ....
- Excelente.
- ¿Y de segundo?
- De segundo, quiero .... asado.
- Muy bien, señora. ¿Con patatas o con ensalada?
- Pues con ....patatas.... fritas.
- Muchas gracias.
- (...)
- ¿Qué tal todo, señora?
- Fantástico. La cuenta, por favor. ¿Puedo pagar ....la cuenta...?
- Sí, aceptamos de crédito y de débito.
- Aquí tiene.
- Gracias.

9 Descubre la costumbre de la propina

Lee este texto sobre las propinas y responde las preguntas.

> ### LA PROPINA
>
> En España dar **propina** es una costumbre y también es una decisión personal y, por tanto, es voluntaria. No hay una cantidad o un porcentaje exactos que es obligatorio dar al camarero cuando pagamos la cuenta después de comer. Además, la propina nunca está incluida en la cuenta. Es muy habitual **redondear**, es decir, si el total son 28,50 € es normal dejar 30 €. Pero cuando la cuenta es muy pequeña (por ejemplo, cuando desayunamos o tomamos un café), no damos propina. Normalmente, en los bares hay un **bote** y todos los camareros echan las propinas que reciben y, al final de la semana o del mes, se reparten el dinero a partes iguales.

a. Explica el significado de las palabras marcadas.

b. ¿Qué cantidad crees que dejan los españoles en cada situación?
- Si la cuenta es de 23,20 €.
- Si la cuenta es de 2,60 €.
- Si la cuenta es de 66,70 €.

c. Explica cómo es en tu país.

10 Elige el restaurante adecuado

Escucha estas cuatro conversaciones y di a qué imagen corresponde cada una.

Pista 43

a.

b.

c.

d.

11 Repasa y practica los verbos

Completa con la forma correcta.

1. • Yo, normalmente, en este restaurante ....*pido*....... (pedir) paella, la ....*hacen*........ (hacer, ellos) muy buena.
   • ¿Sí?, pues yo ......*prefiero*.......... (preferir) el cordero asado, me ....*gusta*... (gustar) más.

2. • ¿Qué ....*quiere*...... (querer, usted) tomar?
   • No sé, ¿ ....*tienen*......... (tener, ustedes) menú del día?
   • Sí, mire, hoy ....*tenemos*..... (tener, nosotros) sopa de pescado o ensalada mixta.
   • ....*quiero*......... (Querer, yo) la ensalada, por favor.
   • Muy bien. Y de segundo ....*hay*....... (haber) filete de ternera
     o merluza en salsa.
   • No, mejor la carne, sí, me ....*pido*............
     (pedir, yo) el filete.
   • ¿Cómo la ....*quiere*....... (querer, usted)?
   • Poco hecha, por favor, y con patatas fritas.

3. • Y vosotros, ¿qué ......*preferís*.... (preferir),
     el té con limón o con leche?
   • A mí no ....*Me gusta*.... (gustar) la leche.
     Lo ....*prefiero*....... (preferir, yo) solo, por
     favor.
   ○ Pues yo lo ....*quiero*...... (querer, yo) con
     leche y azúcar, si es posible.

4. • ¿....*Quieres*............ (Querer, tú) un bocadillo de jamón?
   • No, muchas gracias, yo no ....*puedo*........ (poder)
     comer cerdo, por mi religión.
   • Uy, es verdad, perdón. ¿Y no ....*quiero*........ (querer) un sándwich vegetal?
   • Bueno, eso sí, muchas gracias.

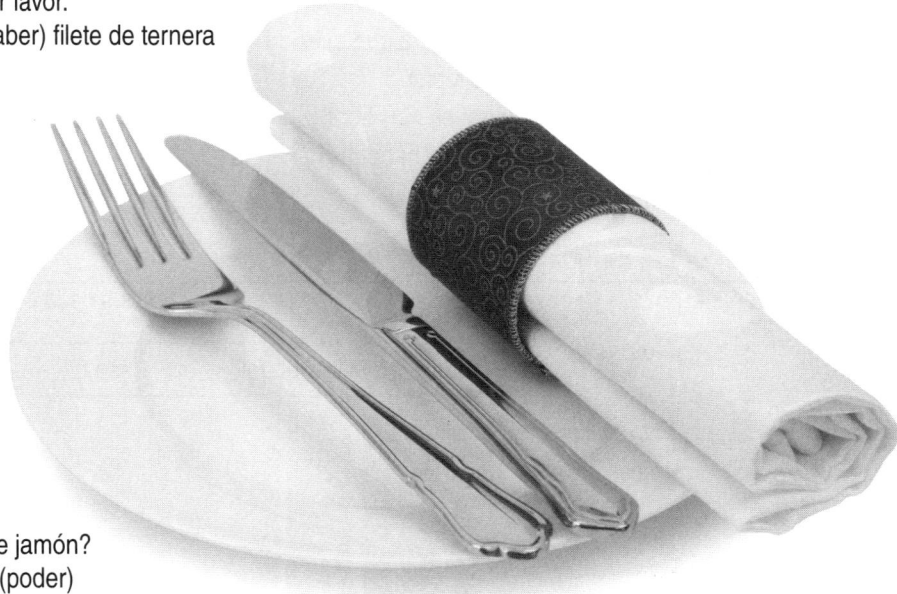

12 Un paso más

Lee la explicación sobre los usos de las preposiciones y completa las frases.

> **PREPOSICIONES** —*flavour*
> 1. DE - Para el sabor *(zumo de naranja)*, el contenido *(sopa de marisco)* o el origen *(plátano de Canarias)*. —*content*
> 2. CON - Que tiene, que incluye *(agua con gas)*.
> 3. SIN - Que no tiene, que no incluye *(té sin azúcar)*.
> 4. A - Forma de cocinar o de preparar una comida *(carne a la parrilla)*.
> *how to cook*

a. ¿Qué quieres tomar? Quiero un helado .....*de*... vainilla y chocolate.
b. La especialidad de este restaurante es la ensalada ......*de*... frutas.
c. Normalmente tomo el café solo, ...*con*.. leche, y ....*con*... un poco de azúcar.
d. ¿Cómo quiere el pescado? Frito no, mejor ....*a*.... la plancha.
e. Tengo problemas de tensión y tengo que tomar la comida ....*sin*... sal.
f. ¿Pedimos paella? Sí, sí. Pero ¿...*con*...... pollo o ...*con*...... marisco?

Also for time - this week

1 Practica los demostrativos

Elige la opción adecuada en cada caso.

1. • Necesito usar un ordenador. ¿**Este/Esto** funciona?
   • No, **este/esto** no funciona, pero **aquel/ese** que está allí sí.
2. El lunes tengo un examen y **este/ese** fin de semana tengo que estudiar mucho.
3. • Ester, ¿quién es **esa/esta** señora que está ahí en la oficina?
   • Creo que es la mujer del director.
4. • **Este/Ese** coche rojo de ahí es muy bonito.
   • ¿Cuál? ¿**Aquel/Ese** que está ahí detrás de la moto?
   • Sí, sí, **ese/aquel**.

2 Refuerza los demostrativos

Observa el cuadro y completa estos diálogos con los demostrativos de la lista.

aquel aquello aquella ese eso (2) este (2) esto

• Mira, es urgente ...aquel....
• ¿................... caja? Y es para Edelsa, ¿no?
• Sí, así es.

• Oye, Javier, ¿qué es ....esto......?
• Pues no sé... me parece que cereales, ¿no?

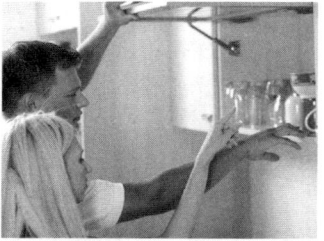

• A ver, pon .... en .... bote y...
• ¿En ....?
• No, no, en .... de ahí.

• Mira, mamá, yo quiero ....
• No, hijo, no, ya tienes uno como ....

PRONOMBRES DEMOSTRATIVOS NEUTROS

Cuando no sabemos qué es una cosa o cómo se dice una palabra, usamos los pronombres neutros:

Esto (aquí) - Eso (ahí) - Aquello (allí)

• Ana, ¿qué es aquello?
• ¿Qué?
• Aquello grande que está en el mar, allí lejos.
• No sé... no es un barco... ¡ni idea!

• Buenas tardes.
• Hola, Marco.
• ¿Qué es esto, Lucía?
• Es gazpacho, una comida típica española.
• Ah.

3 Revisa la diferencia entre ser y estar

Completa con *ser* o *estar* las siguientes frases.

1. Mi vecino ......es...... médico y ......es....... muy tranquilo. Hoy ...está.... muy nervioso porque su hija mayor se casa.
2. Mi hermana ....está.. muy nerviosa porque mañana ...es.......... su cumpleaños.
3. ...soy..... muy deportista. Practico deporte todos los días, pero esta tarde .....estoy... muy cansado, porque .....estoy... un poco enfermo.
4. Mis hijos .... muy vagos, nunca hacen los deberes y la profesora .... muy enfadada con ellos.
5. Mi novia ....es........ muy guapa, pero hoy ......está.. especialmente guapa con su vestido nuevo.
6. Normalmente, cuando ....estoy..aburrido, leo novelas porque .... muy interesantes.

4 Repasa la descripción de la familia

Lee el texto y responde las preguntas. Luego, completa el árbol genealógico de los Bardem.

UNA FAMILIA DE CINE

En los últimos años hay una pareja en el mundo del cine que está en todas las portadas de las revistas: son Penélope Cruz y Javier Bardem, dos de los actores más importantes de la actualidad, ambos ganadores del Óscar de Hollywood. Javier (Encinas) Bardem es de una familia del cine español: su madre, Pilar, es una actriz muy famosa de cine y televisión que actúa desde los años 60 y su hermano Carlos también es actor. Pero, sobre todo, su tío Juan Antonio (hermano de su madre) es uno de los directores de cine más importantes de la historia del cine en España y es una de «las tres bes *del cine español»*: Buñuel, Berlanga y Bardem, los grandes directores clásicos.

Penélope Cruz tiene una hermana, Mónica, que también es actriz. Es muy conocida por su participación en una serie de televisión sobre una academia de baile. Su hermano, Eduardo, también es artista: es un cantante y músico con mucho éxito en Latinoamérica.

a. ¿Qué relación tiene Juan Antonio Bardem con Javier Bardem? Juan Antonio es el tío de Javier
b. ¿Cómo se llaman los hermanos de Penélope Cruz? los hermanos de Penélope Cruz se llaman Mónica y Eduardo
c. ¿Quién es Pilar Bardem? Pilar es la madre de Javier
d. ¿Buñuel y Berlanga son familiares de Juan Antonio Bardem? No.

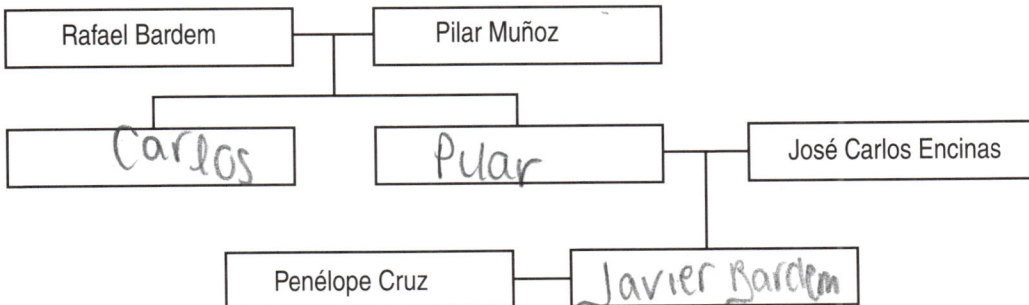

```
Rafael Bardem ──┬── Pilar Muñoz
                │
        ┌───────┴────────┐
      Carlos          Pilar ──── José Carlos Encinas
                        │
              ┌─────────┴─────────┐
        Penélope Cruz ──── Javier Bardem
```

5 Recuerda las palabras para hablar de la familia

Busca en la sopa de letras 8 relaciones de parentesco (en vertical, horizontal o diagonal) y, después, escribe el nombre de la persona de tu familia que corresponde a cada relación.

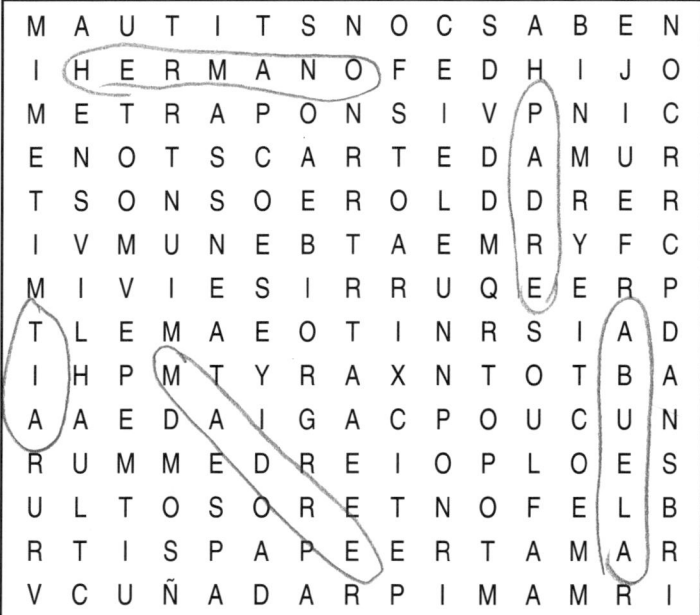

```
M A U T I T S N O C S A B E N
I H E R M A N O F E D H I J O
M E T R A P O N S I V P N I C
E N O T S C A R T E D A M U R
T S O N S O E R O L D D R E R
I V M U N E B T A E M R Y F C
M I V I E S I R R U Q E E R P
T L E M A E O T I N R S I A D
I H P M T Y R A X N T O T B A
A A E D A I G A C P O U C U N
R U M M E D R E I O P L O E S
U L T O S O R E T N O F E L B
R T I S P A P E E R T A M A R
V C U Ñ A D A R P I M A M R I
```

(1) Mi madre se llama .....Lesley.....

(2) .....Mi abuela se llama Mary.....

(3) .....Mi hermano se llama.....

(4) .....Mi padre se llama   Simon.....

(5) .....Mi Tía se llama Sandy.....

(6) .....

(7) .....

(8) .....

6 Recuerda los posesivos

Completa los diálogos con los posesivos adecuados.

- ¡Mamá! ¿Dónde están ...mis... gafas de sol? _sunglasses_
- ¿...Tus... gafas? Creo que están en ...Tu... mochila.
- ¡Ah, sí! Están aquí, en ...mi... mochila.

- ¿El tío Ángel también tiene vacaciones esta semana?
- Sí, ...su... jefe cierra la tienda esta semana.
- ¿Y viene con ...su... nueva novia?
- Sí, sí... Pero el tío Ángel y Marina llegan al hotel mañana. Vienen en ...su... coche.

7 Fíjate en la descripción de personas

Escucha esta conversación y di de quién están hablando.

Pista 44

8 Recuerda la forma de los adjetivos

Completa este texto con la forma correcta de los adjetivos que indican el carácter y la personalidad.

e: doesn't change.

Hola, Paco:

¿Qué tal? Yo estoy bien**a**, pero tengo mucho trabajo y estoy muy estresad**a**. Mi nuevo trabajo es genial, pero mi jefe es muy exigent**e** y muy seri**o**. Yo tengo mucha responsabilidad, pero mis compañeras son trabajador**as**, ordenad**as** y muy, muy, muy inteligent**es**.

La ciudad es muy bonita también y la gente es abiert**a** y amabl**e**. Es una ciudad grande, pero las personas son muy tranquil**as**.

No tengo mucho más tiempo ahora. Además, estoy un poco nervios**a** porque tengo mi primera reunión con los clientes mexicanos.

¡Hasta pronto! Muchos besos,

Elena

9 Describe a una persona

¿Hacemos un ejercicio de imaginación? Elige una de estas opciones y haz una descripción de su carácter y cualidades.

a.

Mi jefe o jefa ideal

b.

Mi hombre o mujer ideal

Mi hombre ideal tiene el pelo corto y moreno. Tiene los ojos azules o negros es marrones. Mi hombre ideal es alto y muy guape y es futbolista españa.

10 **Observa la descripción de personas**

Escucha esta conversación entre los dos inquilinos de un piso compartido. Señala las características de cada uno de los candidatos y di a quién eligen.

Pista 45

a.

(+) ....

(-) ....

b.

(+) ....

(-) ....

c.

(+) ....

(-) ....

¿Quién es el candidato elegido? ....

11 **Un paso más**

Hay algunos adjetivos que cambian de significado con *ser* y con *estar*. Relaciona cada forma con su significado y con el ejemplo.

a. Ser abierto

b. Estar abierto

c. Ser negro

d. Estar negro

e. Ser listo

f. Estar listo

g. Ser rico

h. Estar rico

i. Ser cerrado

j. Estar cerrado

k. Ser verde

l. Estar verde

a Sociable, extrovertido

c Color

l Sin experiencia

Con buen sabor

i Introvertido, reservado

b Preparado

h Ecologista

d Moreno de tomar el sol

j No abierto

e Inteligente

b No cerrado

g Con mucho dinero

a Los andaluces son muy abiertos y alegres.

l Mi profesor está verde todavía, es muy joven.

e Este chico es muy listo, sabe mucho.

j La taquilla está cerrada. Mañana compro las entradas.

c Mi novia es negra, de Guinea Ecuatorial.

b El banco está abierto hasta las 14:30.

i Bill Gates es muy rico.

k Este político es verde y miembro de Greenpeace.

extremely tanne

d Después del verano, mi hermano está negro.

f La paella está lista, ¡a comer!

i No habla de sus problemas, es muy cerrado.

h El gazpacho está muy rico.

1 Repasa las expresiones para hablar del tiempo

Mira el gráfico y describe cómo es el tiempo en cada zona del país.

Mexico

beber

quedarme - to stay

En el centro, Hay tormenta

En el norte, Hay sol y está nublado

En el este, Hay tormenta / Hay nubes / llueve

En el oeste, Hay nubes y sol

En el sur, Llueve y hay tormenta

me gusta +inf

2 Habla de tus hábitos

Escribe qué te gusta hacer en cada situación.

Hace sol .... *Si hace sol, me gusta practicar algún deporte.*

Está nublado ..... Si está nublado, me gusta cocinar

Hace viento ..... Si hace viento, me gusta beber te

Llueve ..... Si hace llueve, me gusta quedarme en casa

Hace calor ..... Si hace calor, me gusta

Nieva ..... Si nieva, me gusta caminar

ir de paseos } walking
pasear

3. Repasa el contraste entre muy y mucho

Elige la opción adecuada en cada caso.

1. Desde que nos separamos, me acuerdo **mucha/muy/mucho** de ti.
2. Esta comida tiene **mucha/mucho/muy** sal. Está **mucho/mucha/muy** salada. → salted
3. Me has servido **muy/mucho/mucha** tarta, por favor, quítame un poco.
4. Hoy hace **muy/mucho/mucha** frío, abrígate bien.
5. **Muy/Mucho/Mucha** gusto en conocerla.
6. Estoy **muy/mucho/mucha** bien aquí, pero debo levantarme para ir a trabajar.
7. Estoy **muy/mucho/mucha** contenta por ti, te mereces unas vacaciones, enhorabuena.
8. Este cuadro es **mucho/mucha/muy** valioso.
9. Hace **muy/mucho/mucha** tiempo que no nos vemos.
10. Está **muy/mucho/mucha** oscuro, por favor, enciende la luz.

4. Recuerda los nombres de la ropa

Observa la ropa y escribe el nombre con su artículo.

camiseta	vaqueros	camisa	falda
corbata	jersey	calcetines	abrigo

a. abrigo

b. corbata

c. camisa

d. camiseta

e. calcetines

f. vaqueros = jean

g. jersey

h. falda

5. Practica los nombres de la ropa

Clasifica estas prendas en la sección de caballeros o en la sección de señoras de una tienda. ¿Hay alguna prenda que podemos encontrar en las dos secciones?

| vestido | chaqueta | camisa | corbata | falda | traje | camiseta | abrigo |

De caballero	De señora	Ambos sexos
Vestido abrigo	chaqueta falda camisa camiseta corbata	traje

6 *Utiliza los nombres de la ropa* — clothing

Responde a las siguientes preguntas.

1. ¿Qué tipo de ropa se debe llevar para ir a una cena romántica?

...............vestido..

2. ¿Qué tipo de ropa no se debe llevar a una reunión de trabajo?

...............camisa y corbata...

3. ¿Qué tipo de ropa se debe llevar a una cita informal?

...............vaqueros y camiseta...

4. ¿Cómo se debe vestir para ir a la boda de un amigo que se casa por la mañana?

....

5. ¿Se puede ir con vaqueros a una fiesta con amigos?

Que depende del tipo de fiesta. a veces sí Pero una fiesta formal no. para mí

7 *Un paso más*

Completa estas frases con el verbo adecuado.

duch g
vestirse   ponerse   llevar

a. Por las mañanas, me levanto, me ducho, desayuno y ......visto........ .
b. Antes de salir de casa, ...pongo........ el abrigo. *Before leaving home*
c. Mi hermano mayor ...se pone..... uniforme en el trabajo. *older*
d. Yo .... la camiseta de mi equipo cuando voy al estadio a ver los partidos.
e. Mis hijos pequeños ...se visten...solos, no necesitan ayuda.
f. ¿Por qué .... hoy el profesor ropa tan elegante?

8 *Practica las expresiones para proponer*

Completa con una de las expresiones.

	you must	should	if	can
Por qué no	debéis	deben	Y si	Puedes

a. • Necesito tu ayuda.

 • Claro.

 • ¿....................... me pongo la chaqueta negra para la entrevista?

 • No. Creo que es demasiado seria. ¿....................... llevas el traje azul?

 • ¿Tú crees?

b. Señoras y señores, para la excursión .... llevar el bañador y toalla.

c. • No sabemos cómo vestirnos para la fiesta.

 • Yo creo que .... poneros vaqueros y camisetas.

 • ¡No, no! Es demasiado informal...

d. • ¿Qué me pongo mañana?

 • Todos los días igual... pfff...

 • Es que necesito ayuda.

 • Vale... .... ponerte el vestido nuevo.

 • Sí, qué buena idea.

9 Revisa los pronombres

Escribe el pronombre adecuado.

a. • Perdone, ¿tienen camisas blancas?

 • Sí, _las_ tenemos en la 3.ª planta. · 3rd floor

b. • Me gusta el abrigo, pero no el color.

 • En aquella parte ...._lo_.. tenemos en más colores.

c. • Las corbatas son preciosas, pero muy caras, ¿verdad? very expensive

 • Sí. Creo que en aquella tienda ..._las_. venden más baratas.

d. • Son muy bonitas tus zapatillas. ¿Te gustan?

 • Yo ._las_.. compro siempre en Deportes Olimpia.

e. Disculpe, esta chaqueta me queda pequeña, ¿.._la_... puedo cambiar por una talla más?

f. Tengo muchos trajes, pero solo _los_.. uso para trabajar.

10 Utiliza los pronombres

Completa las frases con el pronombre adecuado del cuadro.

| me (3) | lo | los | te | se | la | nos | le |

a. ¿.......... puedo probar esta chaqueta? Sí, claro. Los probadores están allí.

b. Nosotros .... levantamos a las 7:30 a diario, pero los fines de semana más tarde.

c. ¿.......... gusta el abrigo, señor? Sí, sí, ... gusta mucho, pero .... necesito en una talla menos.

d. La camisa es muy elegante. Sí, además .... puedes combinar con muchas corbatas.

e. ¿.......... quieres probar los pantalones? No, no .... quiero probar, gracias. Solo estoy mirando...

f. ¡Es muy tarde ya! No, tranquila... los niños .... visten y desayunan muy rápido.

11 Aprende a manejarte en una tienda

Ordena este diálogo.

[2] Hola, buenos días. Sí, por favor. Busco una falda.

[ ] Sí, la azul.

[ ] ¿Cómo la quiere?

[ ] Sí, claro. Aquí espero.

[ ] Aquí no hay, pero la tenemos dentro. Un momento, por favor.

[3] Vamos a ver... aquí las tenemos todas.

[ ] ¿En qué talla la quiere?

[1] Buenos días. ¿Necesita ayuda?

[ ] Pues la quiero negra o azul oscuro.

[ ] Una 38.

[ ] Esta es muy bonita.

[ ] ¿La azul?

12 Repasa los verbos

Completa con la forma adecuada de los verbos: *venir, traer, dar, decir.*

a. Ahora voy a mi casa, pero esta noche .... y .... el vestido para tu hermana, ¿vale?

b. En la zapatería de mi barrio .... por el mismo precio dos pares de zapatos esta semana.

c. Este folleto .... que las rebajas empiezan el lunes.

d. Marta .... que ella .... al centro comercial en coche y podemos quedar con ella a las 18:00.

e. • ¿.............. tu tarjeta de crédito? La mía no funciona.

　　• No, no la ...., lo siento.

13 Repasa cómo hablar de los regalos

Escucha e identifica qué regalo es para cada persona.

Pista 46

	Para el primo Miguel	Para la prima Ana	Para la tía Asunción	Para el primo Francisco	Para el abuelo José

14 Un paso más

Coloca las expresiones en los diálogos.

¿En efectivo o con tarjeta?　　Aquí tiene su cambio.　　¿Admiten tarjetas de crédito?　　¿Tiene el tique de compra?

1. Buenos días, vengo a devolver estos zapatos./................(a)................

2. ¿Cuánto es todo?/Son 142,75 euros./.................(b)................. /Sí, señora.

3. Son 43,50 euros, ...(c)................. /En efectivo. Aquí tiene./Gracias. Un momento. ....(d)................./Muchas gracias, adiós./Adiós, señor.